«RACAILLE!»

Comme disait Racine

CHRISTOPHE BELZUNCE

« RACAILLE ! »

Comme disait Racine

Les gros mots des grands classiques

SEUIL

ISBN 978-2-02-098451-5

www.editionsduseuil.fr

A

A

A

Abouler, *v.*

Arriver rapidement ; donner ou apporter au plus vite. Dérivé de BOULER, d'où le sens propre d'ABOULER, « rouler comme une boule ».

« – Tu vas nous abouler du carle (tu vas nous donner de l'argent) ? demanda Fil-de-Soie. » (H. de Balzac, *Splendeurs et Misères des courtisanes*, 1847.)

« Ah ! zut ! cria Coupeau, mettons-nous à table. Vous allez le voir abouler ; il a le nez creux, il sent la boustifaille de loin… » (É. Zola, *L'Assommoir*, 1877.)

Abreuvoir à mouche, *loc. nom.*

Balafre sur le visage ou sur le cou, « grande plaie sur la tête où les mouches peuvent boire » (A. Oudin, *Curiosités françaises*, 1640.)

« Le ceste [N.d.A. : gantelet de métal des pugilistes antiques] est encore taché / Du sang et du cerveau séché, / Quand d'Hercule après mainte touche / Lui fit un abreuvoir à mouche. » (P. Scarron, *Virgile travesti*, 1652.)

Allumeuse, *n. f.*

Femme aguicheuse.

« Une petite émotion illicite des sens [...] lui suffit, pour ainsi dire effleurer et respirer l'adultère. Un jeu très coquet et très coquin, qui lui a valu de nous le baptême d'allumeuse de réverbères. » (J. et Ed. de Goncourt, *Journal*, 1862.)

« Cheirel a deux sourires très différents : celui de l'honnête femme, et celui de l'allumeuse. – Je vous donnerai celui que vous voudrez, dit-elle. Vous n'avez qu'à demander. » (J. Renard, *Journal*, 1903.)

Anguille (sous roche), *loc. nom.*

Chose cachée dont on soupçonne l'existence.

« Il y a anguille sous roche : / Aussitôt que Monsieur approche / D'elle afin de la caresser, / Madame vient le repousser / Si fièrement que c'est merveille. » (R. Belleau, *La Reconnue*, 1578.)

« Je crois qu'il y a quelque anguille sous roche, et ils parlent de quelque affaire où ils ne veulent pas que vous soyez. » (Molière, *Le Bourgeois gentilhomme*, 1670.)

Argousin, *n. m.*

Garde-chiourme, officier subalterne, agent de police, butor. Emprunt à l'italien *algozino*, dont on retrouve l'origine dans l'arabe *'al guzz*, nom d'une tribu turque pourvoyeuse des mercenaires.

« Me trouvant en tête une foule d'ennemis croisés, fourrés, dignitaires ; ayant le choix des combattants, irai-je exprès me commettre avec les argousins de la troupe ? » (P.-A. de Beaumarchais, *Mémoires contre M. Goëzmann*, 1774.)

« Quand on peut se battre avec trois argousins armés avec la certitude d'en mettre deux à terre avant qu'ils n'aient tiré leurs briquets, que craint-on ?… » (H. de Balzac, *Splendeurs et Misères des courtisanes*, 1847.)

Arpion, *n. m.*

Pied. Emprunt au provençal *arpioun*, « petite griffe ».

« Voilà deux fois que vous marchez sur du verre. – Si ce n'est que ça, ne faites pas attention… J'ai le dessous des arpions doublé en cuir de brouette. » (E. Sue, *Les Mystères de Paris*, 1843.)

Arsouille, *n. f.*

Voyou, débauché. Altération probable de SE RESOUILLER, « se souiller à nouveau ».

« Il nous crachait dessus, en plaçant adroitement un doigt devant sa bouche. Au régiment un tel caractère s'appelle arsouille. » (Stendhal, *Vie de Henry Brulard*, 1836.)

« Tenu en défiance par l'Église qui n'admettait ni ce style de contrebande ni ces poses de barrière, ce religieux arsouille s'était quand même imposé par son grand talent, ameutant après lui toute la presse qu'il étrillait jusqu'au sang... » (J.-K. Huysmans, *À Rebours*, 1884.)

Asticoter, *v.*

Agacer, taquiner. Vraisemblablement dérivé d'ASTIC, « petit instrument piquant ».

« On se met à table, sans que madame s'embarrasse de la mine de l'abbé, qui se mit à asticoter le moine pendant le dîner, et il lui répondait bravement sur toutes les choses qu'il mettait en avant, pour disputer. » (A.-Cl. de Caylus, *Histoire de Monsieur Guillaume, cocher*, 1737.)

« Ne l'asticote pas, il est capable de te faire rendre ton vin en te frottant le ventre. »
(H. de Balzac, *Les Paysans*, 1850.)

Attifer, *v.*

Habiller de manière étrange et/ou avec mauvais goût. Dérivé de TIFER, « parer, orner ».

« Il se mit en caleçon, et puis elle lui fit mettre un corps de cotte, une jupe verte et une camisole grise, et le coiffa d'une calle à la mode de Brie. Elle jeta de si hauts soupirs en l'attifant que le berger ne se put tenir de lui demander ce qu'elle avait. »
(Ch. Sorel, *Le Berger extravagant*, 1627.)

« Elle était parée, cette fois, comme une châsse, pomponnée, attifée, tout or et tout rubans. Une robe à paillettes, des souliers bleus à paillettes aussi, des fleurs et des galons partout. »
(Pr. Mérimée, *Carmen*, 1845.)

B

B

B

Baderne, *n. f.*

Vieux gâteux, vieux militaire. Probablement emprunté au provençal *baderno*, « grosse tresse faite de vieilles cordes ».

« Elle était si gaie, je le comprends aujourd'hui, la mine de cet évidé à monocle jetant par-dessus bord sa vieille baderne d'honnête homme de père – lequel avait plus de jeunesse dans son petit doigt que l'autre dans toute sa personne. » (P. Bourget, *Physiologie de l'amour moderne*, 1890.)

Baffe, *n. f.*

Gifle. Formé à partir du radical *baf-*, qui exprime la notion de gonflé, d'où celles de marque de coup et de coup.

« Un visage de baffe venu [N.d.A. : tête à claques], / Confit en compote de vin… » (Ch. d'Orléans, *Poésies*, XVe siècle.)

« Elle m'a encore appliqué une baffe d'sus l'visage. » (J.-J. Vadé, *Lettres de La Grenouillère*, 1749.)

Bâfrer, *v.*

Manger avec gloutonnerie. Formé à partir du radical *baf-*, qui exprime la notion de gonflé, d'où celle d'avoir les joues gonflées de nourriture.

« [Ils] firent rôtisseur leur prisonnier, et au feu où brûlaient les chevaliers firent roustir leur venaison. Et après, grand chère à force vinaigre. Au diable l'un qui se feignait ! C'était triomphe de les voir bâfrer. » (F. Rabelais, *Pantagruel*, 1542.)

« L'hôte le fit asseoir avec les autres qui avaient déjà bien commencé, et mon moine, pour les atteindre, se met à bâfrer d'un tel appétit comme s'il n'eût vu de trois jours pain. » (B. Des Périers, *Les Nouvelles Récréations et Joyeux Devis*, 1558.)

« Mange, brochet, mange, requin, combien as-tu de rangs de dents dans la gargamelle ? Bâfre, louveteau. » (V. Hugo, *L'Homme qui rit*, 1869.)

Bagnole, *n. f.*

Voiture campagnarde ; mauvaise voiture ; ou voiture quelconque. Probablement dérivé de BANNE, « tombereau, voiture », sur le même modèle que CARRIOLE.

« Affreuse bagnole de Carhaix à Guingamp. – Notre conducteur ; la femme veuve amie du conducteur ; noix et pain qu'ils mangeaient ensemble… » (G. Flaubert, *Par les champs et par les grèves*, 1848.)

Bahut, *n. m.*

Établissement scolaire.

« Ça n'est jamais gai, le *collège* ; … l'odeur fade […] qui monte sournoisement de la cuisine, flotte en tout temps le long des corridors et des escaliers des bahuts de province. » (G. Courteline, *Ah ! Jeunesse*, 1884.)

Bailler belle/bonne (la), *loc. verb.*

Chercher à en faire accroire.

« Vous ne savez de quoi vous parlez, où l'avez-vous vu ? – Où je l'ai vu ? dit l'autre. Il est écrit en Genèse. – Genèse ? dit le Juge, vraiment vous me la baillez belle. » (B. Des Périers, *Nouvelles Récréations et Joyeux Devis*, 1558.)

« Vous rêvez bien, Léandre, et me la baillez bonne. » (Molière, *L'Étourdi*, 1663.)

Baiser, *v.*

Faire l'amour ou donner un baiser ; l'ambiguïté est encore sensible chez Molière.

« Boire hypocras, à jour et à nuitée, / Rire, jouer, mignonner et baiser, / Et nu à nu, pour mieux des corps s'aiser, / Les vis tous deux, par un trou de mortaise : Lors je connus que, pour deuil apaiser, / Il n'est trésor que de vivre à son aise. » (Fr. Villon, XVe siècle.)

« ARGAN, *à Angélique* :
Allons, saluez Monsieur.
– THOMAS DIAFOIRUS : Baiserai-je ?
– MONSIEUR DIAFOIRUS : Oui, oui. »
(Molière, *Le Malade imaginaire*, 1673.)

Bander, *v.*

Être en érection. Par extension de BANDER au sens de « tendre avec effort ». « Bander. Mot libre ; c'est sentir la résurrection de la chair humaine, être en humeur d'en découdre avec une femme, sentir des démangeaisons amoureuses, appéter l'union. » (Ph.-J. Le Roux, *Dictionnaire comique*, 1718.)

« Bande-au-ciel, ainsi nommé parce que son érection, quelque chose qu'il fît, était perpétuelle, était muni d'un engin de onze pouces de long sur sept pouces onze lignes de tour. » (D. A. F. de Sade, *Les 120 Journées de Sodome*, 1785.)

« Plus l'homme cultive les arts, moins il bande. [...] La brute seule bande bien, et la fouterie est le lyrisme du peuple. » (Ch. Baudelaire, *Mon cœur mis à nu*, 1859-1867.)

Baragouiner, *v.*

Parler une langue étrangère que personne ne comprend ; prononcer indistinctement. Verbe dérivé de BARAGOUIN, probablement composé des termes BARA, « pain » et GWIN, « vin », que les Bretons avaient coutume de prononcer dans les auberges françaises.

« Madame aime assez cette tante ; elle baragouine de l'allemand avec elle. Cela importune la Monaco. » (Mme de Sévigné, *Correspondance*, 1676.)

« Je ne me souviens jamais comment diantre ils baragouinent ce nom-là. » (Molière, *George Dandin*, 1668.)

Baraque, *n. f.*

Logement misérable et insalubre. Emprunt, par le biais de l'ancien provençal, au catalan *barraca*, « construction grossière servant d'abri ».

« Il s'arrête à la porte, il étend le cadavre à ses pieds et s'assied le dos appuyé contre un arbre et le visage tourné vers l'entrée de la cabane. Voilà le spectacle qui attendait la charbonnière au sortir de sa baraque. » (D. Diderot, *Les Deux Amis de Bourbonne*, 1773.)

Bas-du-cul, *loc. adj.*

Petit.

« Bas de cul, bas de fesses, c'est-à-dire, petit homme. » (A. Oudin, *Curiosités françaises*, 1640.)

« Mon grand-père était appelé Bas-du-cul dans son village. Je n'ai pas de géants pour ancêtres. » (J. Vallès, *L'Insurgé*, 1886.)

Bassin (cracher au), *loc. verb.*

Donner de l'argent ; jouir. De BASSIN, « vase ou plat utilisé lors de cérémonies religieuses ou rituelles et destiné à recueillir les offrandes ».

« Je pouvais aussi dire aux Huguenots […] que, s'ils ne crachaient au bassin, je les ferais tous ruiner. Combien m'en eussent-ils donné pour être assurés de leurs vies et biens. » (B. de Monluc, *Commentaires*, 1570.)

« Étonné de tant de merveilles, / Deux petites nymphes vermeilles / Mon courtaud mirent lors au pas. / Brusque je franchis la barrière, / Mais au milieu de la carrière / Ma lance fut mise en éclats. / [...] Lors d'une plus verte saccade / J'enfonce dans la barricade, / Mais Cupidon cet assassin / Réprima bien tôt mon audace, / Car avant que vider la place, / Il me fit cracher au bassin. » (J. Auvray, *Le Banquet des muses*, 1623.)

Bavasser, *v.*

Bavarder, le plus souvent à tort et à travers. Dérivé de BAVER.

« La coutume concède à cet âge plus de liberté de bavasser et d'indiscrétion à parler de soi. » (M. de Montaigne, *Essais*, 1592.)

Bazar, *n. m.*

Ensemble hétéroclite d'objets de peu de valeur. Emprunt au persan *bazar*, « marché public ».

« Sur la cheminée, dans une soupière d'argent étaient des avis d'arrivage de marchandises consignées en son nom au Havre, balles de coton, boucauts de sucre, tonneaux de rhum, cafés, indigos, tabacs, tout un bazar de denrées coloniales ! » (H. de Balzac, *Gobseck*, 1842.)

« Mon rêve, à moi, eût été de posséder des peintures moins parfaites peut-être, mais antérieures à celles-ci et d'origine monastique plus sûre [...] J'aurais vendu maison, champs, tout le bazar, pour les acquérir. » (J. K. Huysmans, *L'Oblat*, 1903.)

Bébête, *adj.*

D'une niaiserie ridicule. Issu de l'adjectif BÊTE, par réduplication enfantine de la première syllabe.

« Il est très frisé, avec une figure douce, un peu bébête, de beaux yeux caressants, les joues un peu empâtées, l'air un peu endormi. » (J. et Ed. de Goncourt, *Journal*, 1865.)

« Bien avant de venir au Japon, je l'avais vue, sur tous les éventails, au fond de toutes les tasses à thé – avec son air bébête, son minois bouffi –, ses petits yeux percés à la vrille au-dessus de ces deux solitudes, blanches et roses jusqu'à la plus extrême invraisemblance, qui sont ses joues. » (P. Loti, *Madame Chrysanthème*, 1887.)

Bécane, *n. f.*

Machine, outil ; bicyclette et par extension, moto. Peut-être emprunté au terme dialectal BICANE, « mauvais cheval », avec l'idée de machine fonctionnant avec force tressautements.

« Ils ne parlaient pas comme tout le monde, se servaient entre eux d'une espèce de jargon que l'enfant trouvait bas et laid. Une machine s'appelait “une bécane”, les chefs d'ateliers “des contrecoups”, les mauvais ouvriers “de la chouflique”. » (A. Daudet, *Jack*, 1881.)

« Il ne pouvait se risquer, sur ce très mauvais sentier, à courir à bicyclette. Du reste, ce qui le prouve, c'est la marque légère et hésitante de la bécane sur le sentier, malgré la mollesse du sol. » (G. Leroux, *Le Mystère de la chambre jaune*, 1907.)

Bedaine, *n. f.*

Ventre bien rebondi. Altération de l'ancien français BOUDINE, « nombril », construit à partir de la racine *bod-*, exprimant l'idée de boursouflure.

« Nous voyons des feignants de moines,
qui toutefois ont accoutumé
de bien remplir la bedaine. »
(J. Calvin, *Des scandales*, 1550.)

« Fussé-je aussi bien abbé de Saint-Denis, j'aurais de quoi emplir ma bedaine jusqu'à crever. » (P. de Larivey, *Le Laquais*, 1579.)

Bedon, *n. m.*

Ventre rebondi. Construit à partir de la même racine *bod-* que BEDAINE. Initialement, le BEDON est un gros tambour.

« Mlle Sophie pondra au commencement d'octobre. Sens-tu le grotesque de ce petit bedon où s'agite un petit Anglais ? » (G. Flaubert, *Correspondance*, 1857.)

Béguin (avoir un), *loc. verb.*

Être amoureux. Dérivé du verbe EMBÉGUINER, « avoir un béguin (c'est-à-dire une coiffe de béguine, puis toute autre sorte de coiffe de femme) sur la tête », et par métaphore,

« se mettre quelque chose en tête »,
« se toquer de ».

« Il fallait avoir un fier béguin pour rester avec un homme, quand il se dénude. » (J.-K. Huysmans, *Les Sœurs Vatard*, 1879.)

Beigne, *n. f.*

Bosse se formant à la suite d'un coup ; ce coup lui-même.

« Puis il trépigne et se fait une bigne ; / Comme une guigne était rouge son nez. » (Cl. Marot, *L'Adolescence clémentine*, 1538.)

« Il menaçait de lui enlever le troufignon, si elle ne ramassait pas l'argent tout de suite. Quand la petite hésitait, elle recevait un premier avertissement, une beigne d'une telle force qu'elle en voyait trente-six chandelles. » (É. Zola, *L'Assommoir*, 1877.)

Besogner, *v.*

Faire l'amour.

« La chasse n'est point si certaine / D'un lapereau dans la garenne, / Comme je suis toujours certain / De remporter la chaude-pisse / Si je descends dessus la lice / Pour besogner quelque putain. » (Cl. d'Esternod, *L'Espadon satirique*, 1619.)

Bibine, *n. f.*

Petit cabaret de bas étage ; le mauvais alcool qu'on y sert. Altération, d'après CANTINE, CUISINE..., du radical *bib-*, de BIBERON.

« Les cabarets des chiffonniers s'appellent bibines ; les plus célèbres sont la Casserole et l'Abattoir. Donc, ô guinguettes, goguettes, bouchons, caboulots, bouibouis, mastroquets, bastringues, manezingues, bibines des chiffonniers, caravansérails des califes, je vous atteste, je suis un voluptueux. »
(V. Hugo, *Les Misérables*, 1862.)

« Ils croyaient noyer dans un vin illusoire, une bibine acide, la peur d'hier et celle de demain. » (G. Bernanos, *Les Grands Cimetières sous la lune*, 1937.)

Bicher, *v.*

Aller bien, s'accorder, être en bonne voie. Du verbe bourbonnais *bicher*, « embrasser », dérivé du latin *beccus*, « bec ».

« Ah ! Ah ! encore ensemble !
Eh bien, mais ça biche ! »
(E. Labiche, *Deux Papas très bien*, 1845.)

« Les châtelains de Féterne, par crainte

(tant ils étaient timides) de mécontenter leurs nobles amis, ou (tant ils étaient naïfs) que M. et Mme Verdurin s'ennuyassent avec des gens qui n'étaient pas des intellectuels, ou encore (comme ils étaient imprégnés d'un esprit de routine que l'expérience n'avait pas fécondé) de mêler les genres et de commettre un "impair", déclarèrent que cela ne corderait pas ensemble, que cela ne "bicherait" pas et qu'il valait mieux réserver Mme Verdurin (qu'on inviterait avec tout son petit groupe) pour un autre dîner. » (M. Proust, *Sodome et Gomorrhe*, 1922.)

Bichonner, *v.*

Entourer de soins délicats. Dérivé de BICHON, au sens premier de « friser comme un bichon » puis d'« apprêter avec coquetterie ».

« Autrefois chacun bichonnait / Mademoiselle Michonnet. / Le public, qui la bouchonnait, / Dans ses dents aujourd'hui mâchonne. » (Th. de Banville, *Odes funambulesques*, 1859.)

Bide, *n. m.*

Ventre. Dérivé de BIDON.

« Ah ! enfonc'-toi les poings dans l'bide / Jusqu'à la colonn' vertébrale ! » (J. Rictus, *Soliloques du pauvre*, 1897.)

Bidoche, *n. f.*

« Viande, – dans le jargon du peuple. – Morceau de bœuf bouilli, l'ordinaire du soldat. » (A *Delvau, Dictionnaire de la langue verte*, 1866.) Terme peut-être en rapport avec BIDET, « petit cheval ».

« Comment appeliez-vous le gigot qui vous déplaisait à Chartres ? – De la carne ou de la bidoche, Madame Bavoil ; ce sont les inélégants synonymes d'une irréductible viande. » (J.-K. Huysmans, *L'Oblat*, 1903.)

Blair, *n. m.*

Nez. Dérivé de BLAIREAU, « nez », par référence au nez pointu de l'animal en question (« Chien, qu'aura-t-elle dit de ton nez de blaireau ? », P. Scarron, *Jodelet*, 1645.)

« Eh ! fit l'autre qui le prit de haut, c'est toi qui pues ! T'as l'blair bien délicat, ce matin ! » (G. Courteline, *Le Train de 8 h 47*, 1888.)

« Ton blaire flaire, âpre et subtil, / Et l'étamine et le pistil, / Toute fleur, tout fruit, toute viande » (P. Verlaine, *Parallèlement*, 1896).

Blouser, *v.*

Tromper, fourvoyer. Verbe dérivé de BLOUSE, « trou pratiqué aux quatre coins et au milieu des plus longs côtés d'un ancien billard ». BLOUSER SON ADVERSAIRE revient en ce sens à « mettre sa bille dans une des blouses ».

« L'on parle de divers sujets pour l'importante place de contrôleur des finances : […] Silhouette, chancelier de M. le duc d'Orléans. On en doute, vu qu'il s'est blousé dans les conférences avec les commissaires anglais, et qu'on le dit cause de la guerre. » (R.-L. d'Argenson, *Journal et Mémoires*, 1756.)

« Maxime les a blousés tous les deux, dit Léon à son cousin. Ce gaillard-là se trouve dans les intrigues de la Chambre comme un poisson dans l'eau. » (H. de Balzac, *Les Comédiens sans le savoir*, 1846.)

Bobo, *n. m.*

Légère blessure ; la douleur qu'elle occasionne.

« Quant n'ont assez fait dodo, /
Ces petits enfançonnets, / Ils portent sous leurs bonnets / Visages pleins
de bobo. » (Ch. d'Orléans, *Poésies*, XVe siècle.)

« Il monte en carrosse paisiblement, et va dans les cieux se plaindre à Jupiter son père ; et, pour parler plus sérieusement, il montre son bobo à son bon papa, afin qu'il souffle dessus pour en apaiser la douleur. »
(Abbé d'Aubignac, *Conjectures académiques sur l'*Iliade, 1676.)

Bois (voir de quel – quelqu'un se chauffe), *loc. verb.*

Comprendre à qui on a affaire.

« Suivez-moi, mon gendre, et ne vous mettez pas en peine. Vous verrez de quel bois nous nous chauffons lorsqu'on s'attaque à ceux qui nous peuvent appartenir. »
(Molière, *George Dandin*, 1669.)

Boniment, *n. m.*

« Long discours adressé à ceux que l'on désire se rendre favorables. » (E.-F. Vidocq, *Les Voleurs*, 1836.) Dérivé de l'argot BONNIR, « raconter », vraisemblablement emprunté à l'italien *imbunire*, « distraire en vue de voler ».

« Une classe d'hommes s'est ralliée en masse : les imbéciles. Ils composent la partie saine du corps législatif. C'est à eux que le "chef de l'État" adresse ce boniment. » (V. Hugo, *Napoléon le Petit*, 1852.)

Bordel, *n. m.*

Lieu de prostitution. Diminutif de l'ancien français BORDE, « petite maison, cabane ».

« Ils envoient leur conscience au bordel et tiennent leur contenance en règle. » (M. de Montaigne, *Essais*, 1592.)

« Ne te souvenais-tu pas que tu as passé toute ta jeunesse dans le bordel ? Croyais-tu être chaste après cela ? » (Ch. Sorel, *Le Berger extravagant*, 1627.)

Boucherie, *n. f.*

Massacre, tuerie.

« Étant tantôt environné de toutes parts par les Arcadiens, après en avoir fait une grande boucherie, lui et les siens furent tous mis au fil de l'épée. »
(M. de Montaigne, *Essais*, 1592.)

« Candide, qui tremblait comme un philosophe, se cacha du mieux qu'il put pendant cette boucherie héroïque. » (Voltaire, *Candide*, 1759.)

Bouffer, *v.*

Manger goulûment. Initialement, « gonfler les joues en aspirant de l'air ».

« S'il est vrai, adieu le carême, / Au concile, qui se fera. / Mais Rome tandis bouffera / Des chevreaux à la chardonnette » (Cl. Marot, *Deuxième Épître du coq à l'âne*, 1535).

« Il vaudrait mieux tout bouffer que de rien laisser aux autres… à ta santé, mon gars ! » (É. Zola, *La Terre*, 1887.)

Boui-boui, *n. m.*

Établissement de dernier ordre. Terme vraisemblablement issu de l'argot BOUISSE, « fille de bas étage, prostituée ».

« J'ai besoin, je ne sais pourquoi, de respirer l'air d'un boui-boui. On a de temps en temps besoin d'encanaillement. » (J. et Ed. de Goncourt, *Journal*, 1861.)

Boule (perdre la), *loc. verb.*

Perdre la tête, devenir fou.

« Que le diable m'emporte si je comprends rien à ce que tu me chantes là ! Ah çà ! est-ce que décidément tu perds la boule ? » (E. Sue, *Les Mystères de Paris*, 1843.)

« Ce qu'il y a de sûr, c'est que tout le monde perd la boule, et que nous sommes dans un affreux gâchis. » (G. Flaubert, *Correspondance*, 1870.)

Bouquin, *n. m.*

Livre. Emprunt à un diminutif du moyen néerlandais *boec*, « livre »

« Admirable Dessein pour fortifier Brouage, extrait d'un vieil bouquin du sieur de S. Marme, par Madame de S. Luc. » (P. de l'Étoile, *Registre-Journal du règne de Henri III*, 1587.)

« Mesurant les services qu'il y croyait rendre sur le bruit qu'il y faisait, il regardait ses haches et ses pioches comme infiniment plus utiles que tous mes bouquins. » (J.-J. Rousseau, *Les Confessions*, 1778.)

Bouquiner, *v.*

Lire. Dérivé de BOUQUIN.

« Si je n'avais un peu bouquiné mon Homère, / [...] Je serais jà gâté. » (J. du Lorens, *Premières Satires*, 1624.)

Bourgeoise, *n. f.*

Compagne, épouse.

« Les ouvriers, qui ont mis leurs frusques neuves, promènent la bourgeoise, qui s'est attifée aussi, et les grandes sœurs traînent leurs petits frères devant les boutiques d'images ou de sucreries. » (J. Vallès, *L'Insurgé*, 1886.)

« Vous savez que Badinguet s'est fichu des claques avec sa bourgeoise, l'autre soir, devant toute sa cour, raconta Bec-Salé, dit Boit-Sans-Soif. Ma parole d'honneur ! Et à propos de rien, en s'asticotant. » (É. Zola, *L'Assommoir*, 1877.)

Bourrer, *v.*

Pénétrer lors d'un rapport sexuel.

« Pauline fait bien la sucrée, /
En dédaignant d'être bourrée /
Par Decie, noble Romain »
(Cl. d'Esternod, *L'Espadon satyrique*, 1619).

Bourrichon, *n. m.*

Tête. Dérivé de BOURRICHE.

« Oh ! Comme il faut se monter le bourrichon pour faire de la littérature ! Et que bien heureux sont les épiciers ! » (G. Flaubert, *Correspondance*, 1860.)

Bousiller, *v.*

Gâter, endommager. Dérivé de BOUSE, signifiant initialement « construire en torchis », et par suite, « mal construire ».

« Se dit figurément de beaucoup de choses mal faites, soit en bâtiments, soit en d'autres ouvrages. *Vous avez bousillé tout cet ouvrage-là.* » (*Dictionnaire de l'Académie*, 1694.)

« Elle perdait de plus en plus la main, elle bousillait l'ouvrage, au point que la patronne l'avait réduite à quarante sous, le prix des gâcheuses. » (É. Zola, *Germinal*, 1877.)

Bout, *n. m.*

Sexe masculin.

« Ceste pauvrette se lève, et va à lui, qui avait troussé sa chemise et levé fort haut le bras. "Prends-moi la main, je te prie." Elle tâtonnait, et trouva son bout. "Hélas, ce dit-elle, que vous avez les doigts gros !" » (Fr. Béroalde de Verville, *Le Moyen de parvenir*, 1610.)

Boxon, *n. m.*

Maison close. Emprunt à l'anglais *boxon*, « cabinet particulier de taverne », dérivé de *box*, « salon particulier, dans un café ».

« J' vourais comm' dans ma p'tite enfance / Coller mon cib [N.d.A. : ma tête] su' deux nénés ! / Oh ! deux bras frais qui m'am'raient bien / Et ça n' s'rait-y qu' dans un boxon » (J. Rictus, *Les Soliloques du pauvre*, 1897.)

Branler, *v.*

Masturber. Spécialisation obscène du sens premier, « agiter, secouer ».

« Au milieu du conflit, la Laïs, plus hardie, / Serrant le croupion, brandissait sa landie [son clitoris] ; / Messaline branlait, et les reins chaleureux / De la sale Faustine au courage amoureux / Culletaient brusquement. » (P. de Ronsard, *La Bouquinade*, XVIe siècle.)

« Ancilla est toujours à se plaindre sur le même ton lancinant et monocorde. Son philosophe se branle en son honneur sans prendre assez de hardiesse pour lui lever les jupons par-dessus la tête, et faire avec elle ce qu'il peut apprendre au moyen de gravures et de livres faciles à se procurer. » (Pr. Mérimée, *Correspondance avec Stendhal*, 1831.)

Braque, *adj.*

Écervelé, un peu fou. Initialement, le terme désigne une espèce de chien de chasse, proverbialement donnée pour folle ou étourdie.

« Ô Oménée, jusqu'à quand aurez-vous du vif-argent dans la tête ? Jusqu'à quand serez-vous toujours braque ? » (Marivaux, *Le Télémaque travesti*, 1736.)

« Madame de Chasteller est la plus braque de ces dames de la noblesse, reprit Bouchard de l'air aisé d'un homme du peuple qui veut cacher son embarras. » (Stendhal, *Lucien Leuwen*, 1835.)

Braquemart, *n. m.*

Phallus. Évolution métaphorique du sens premier, aujourd'hui révolu, de BRAQUEMART, « poignard, épée courte » (du moyen néerlandais *breecmes*, « couperet »).

« Le vacher vint incontinent avec son taureau, lequel sans différer se jette dessus la vache, ayant son braquemart tiré

en bonne disposition ; mais il fut si chaud et hâtif qu'il n'adressa point à l'endroit, par quoi son coup fut rompu. »
(Ph. d'Alcripe, *La Nouvelle Fabrique des excellents traits de vérité*, 1580-1596.)

« Ils mirent un gars, en guise de femme prête d'accoucher, dans un lit, et firent venir une sage-femme, qui, mettant la main dessous les draps et trouvant son braquemart, dit tout haut : "Courage, l'enfant viendra bientôt ; j'en tiens le bras." » (Fr. Béroalde de Verville, *Le Moyen de parvenir*, 1610.)

Bredouille, *adj.*

Insatisfait et déconfit. Initialement, terme de jeux de cartes ou de trictrac, peut-être issu de BERDOUILLE, « boue », qui, par métaphore, marquerait dans cette hypothèse l'enlisement du perdant.

« Ma petite andouille vermeille, ma petite couille bredouille. » (Fr. Rabelais, *Gargantua*, 1542.)

Bringue, *n. f.*

Personne d'allure dégingandée. Terme d'origine incertaine, à rattacher probablement au normand BRINGUE, « morceau ». En argot, la BRINGUE désigne initialement « un cheval mal bâti ».

« Allez trouver votre grande bringue de femme. » (H. de Balzac, *Béatrix*, 1845.)

« Dis donc, saleté ! Tu ferais mieux de reconnaître les deux gosses dont tu l'as emplie !... s'il est permis, une bringue de dix-huit ans, qui ne tient pas debout ! » (É. Zola, *Germinal*, 1885.)

Brouillamini, *n. m.*

Désordre, confusion inextricables. Évolution métaphorique du sens premier de BROUILLAMINI, « terre argileuse ».

« Il y a trop de tintamarre là-dedans, trop de brouillamini. » (Molière, *Le Bourgeois gentilhomme*, 1671.)

Bûcher, *v.*

Travailler avec acharnement. Initialement, « travailler le bois à la hache ».

« Je bûche comme un ours. » (G. Flaubert, *Correspondance*, 1857.)

« Je bûche comme un nègre. » (*Ibid.*)

« Je bûche comme un furieux. » (*Ibid.*, 1876.)

Buse, *n. f.*

Un imbécile. L'immobilité de la tête de l'oiseau de proie guettant ses victimes ne donnait pas une image très favorable, semble-t-il, de son intelligence.

« Vous croyez, ma chère enfant, sur ce que je vous ai dit que vous aviez trop d'esprit, que je vais disant une sottise dont vous m'accusâtes à Paris, qui est de dire, comme une buse, ma fille est malade parce qu'elle a trop d'esprit ; je ne dis pas de ces fadaises-là. » (Mme de Sévigné, *Correspondance*, 1680.)

« Oh çà, c'est assez ri ; je vois qu'on vous abuse, / Et que votre neveu vous prend pour une buse. » (Ph. Destouches, *Le Dissipateur ou l'Honnête Friponne*, 1736.)

Buter, *v.*

Tuer. Spécialisation du sens argotique de BUTER, « guillotiner », par allusion à la butte de terre où l'on montait l'échafaud.

« Il a buté, il y a quelque temps, dans une dispute, le mari d'une laitière. » (E. Sue, *Les Mystères de Paris*, 1843.)

C

C

C

Caboche, *n. f.*

Tête. Mot d'origine douteuse, à relier vraisemblablement au terme latin *caput*, « tête ».

« Je ne pense point qu'il y ait plus cruel rompement de tête ni plus grand crève-cœur qu'être contraint prester l'oreille à ce pédant, principalement quand on a autre fantaisie en la caboche. »
(P. de Larivey, *Le Laquais*, 1579.)

« Et quoi ! Penserais-tu que chez toi rien ne cloche ? / Crois-tu que le bon sens soit tout dans ta caboche ? » (J. du Lorens, *Satires*, 1646.)

Cabot, *n. m.*

Chien. Origine obscure.

« Thisbé a mis au jour ce matin trois cabots noirs dont un chétif qu'on a supprimé, et deux également noirs à double nez, laids comme deux diables, et tout en nez, à la lettre. » (G. Sand, *Correspondance*, 1849.)

Caca, *n. m.*

Excrément, ordure. Emprunt au latin *cacare*, « chier ».

« Je ne dirai pas comme le curé de Saint-Lifart, qui disait que la chaire, où il était, n'était pas la chaire à faire caca, mais à dire vérité. » (Fr. Béroalde de Verville, *Le Moyen de parvenir*, 1610.)

« Mais apprenez-moi un peu, ne crie-t-il plus la nuit ? Est-il net ce petit drôle ? Ne fait-il point caca dans son carquois à faute de bassin ? » (Ch. Sorel, *Le Berger extravagant*, 1627.)

Calter, *v.*

Partir précipitamment. Probablement dérivé d'un sens, aujourd'hui perdu, de CALER, « céder, reculer » (« La misère plaquait ses joues, et ses tempes étroites dénotaient un entêtement de bélier, un intraitable orgueil. Jamais il ne calerait. » G. Flaubert, *Bouvard et Pécuchet*, 1880.)

« ARMANDINE, *mettant son chapeau* : Vous voudriez que nous caltassions. – LE GÉRANT : Oh ! je ne me permettrais pas ! – Armandine : Je finis de mettre mon chapeau et je cède la place ! » (G. Feydeau, *Le Dindon*, 1896.)

Camelote, *n. f.*

Marchandise de pacotille. Sans doute dérivé de CAMELOTIER, « trafiquant, voleur », et par suite, » marchand ».

« Ah ! ce n'est pas de la camelote, du colifichet, du papillotage, de la soie qui se déchire quand on la regarde ; c'est foncé, c'est des raisonnements que l'on peut méditer à son aise. »
(H. de Balzac, *L'Illustre Gaudissart*, 1843.)

Canon, *n. m.*

Verre de vin. Dérivé d'un ancien sens métaphorique de CANON, « mesure de capacité pour le vin ».

« J'enfonçai mon chapeau sur mes yeux et j'entrai dans un cabaret. – Un verre de vin ! dis-je en rassurant ma voix.
– Un canon, vous voulez dire ?
– Oui, un canon. On me servit un verre de vin sur un grand comptoir en étain. »
(M. du Camp, *Mémoires d'un suicidé*, 1853.)

Carotter, *v.*

Soutirer habilement quelque chose. Le verbe a remplacé l'expression TIRER UNE CAROTTE, « soutirer de l'argent ».

« Dans toutes les comédies du monde, les fils inventent un tas de blagues pour carotter leur père, afin d'en soutirer de l'argent. Je n'ai aucune blague à inventer, mais j'ai besoin d'argent. »
(G. Flaubert, *Correspondance*, 1845.)

Casquer, *v.*

Payer. Emprunt à l'italien *cascare*, « tomber (éventuellement dans un piège) ». D'où, en français, l'ancien sens de « se faire avoir », dont dérive le sens actuel.

« Il est malheureusement fâcheux que les bureaux, alliés comme larrons en foire quand il s'agit de faire casquer le contribuable, excipent de leur incompétence et se cachent les uns derrière les autres, sitôt qu'il est question de lui régler son dû… »
(G. Courteline, *L'Article 330*, 1900.)

Chair à pâté (hacher menu comme de la), *expr.*

Mettre en pièces.

« S'il y a quelques dames plus jolies que moi, je te hacherai menu comme chair à pâté » (Mme d'Aulnoy, « Finette Gendron », 1698).

« Cette épée doit trancher les ennemis, et les mettre en chair à pâté » (Marivaux, *Le Télémaque travesti*, 1736).

Charcuter, *v.*

Tailler inconsidérément dans la chair vive, massacrer.

« Il se défendit contre le bourreau ; il en fallut quatre pour le tenir. Enfin, ils en vinrent à bout, à force de le charcuter. » (Mme de Sévigné, *Correspondance*, 1675.)

Chaud, *adj.*

D'une ardente sensualité ; luxurieux.

« BONTAMS : Baillez-lui des femmes de bien ! / – SABAT : Mais plutôt des noces de chien ! / – PÂQUETTE : Est-il honteux ? Est-il penaud ? / – SANNOM : Demandez s'il a le cul chaud ! » (J.-A. Baïf, *Le Brave*, 1573.)

« MARIE : Hé ! doncques tu couchas au milieu d'elles deux ! / Or que t'ont-elles fait ? – JEANNE : Comme hommes amoureux, / [...] Les lèvres m'entrouvraient, et mes tétins pressant, / Allaient mille baisers haleinant et suçant. / Lors Frigarelle chaude à son point aspirant, / Et quasi dedans moi toute s'incorporant, / Me serrant, me pressant, et découvrant sa tête, / Comme un brave soldat, qui au combat s'apprête, / Ayant les cheveux courts, me dit d'un doux regard : /"Vis-tu jamais garçon, si beau, ni si gaillard ?" » (P. de l'Étoile, *Registre-Journal du règne de Henri III*, 1579-1581.)

Chaude-pisse, *n. f.*

Blennorragie.

« Ô trou rempli de chaude-pisse ! / Tu es le trou de Saint-Patrice. » (Cl. d'Esternod, *L'Espadon satyrique*, 1619.)

Chialer, *v.*

Pleurer. Terme d'origine incertaine. On peut faire valoir l'influence de l'expression CHIER DES YEUX, « pleurer », et des verbes onomatopéiques d'aire wallonne *tschûler, choûler* « pleurer ».

« Et faut ben qu'ceux d'la Politique / Y s'gagn't eun'popularité ! / Or, pour ça, l'moyen l'pus pratique / C'est d'chialer su'la Pauvreté. » (J. Rictus, *Les Soliloques du pauvre*, 1897.)

« Si tu veux que je pleure, ne chiale pas ! » (J. Renard, *Journal*, 1903.)

Chiasse, *n. f.*

Diarrhée, colique. Dérivé de CHIER, « déféquer ».

« Chiasse. On donne aussi ce nom aux excréments de la mouche et du ver. Se dit figurativement d'un homme très méprisable : *c'est le dernier des hommes, il est la chiasse du genre humain.* » (C.-P. Richelet, *Dictionnaire de la langue française ancienne et moderne*, 1732.)

« Daudet a la chiasse. Il est tué. » (Ed. de Goncourt, *Journal*, 1877.)

Chier, *v.*

Déféquer. Emprunt au latin *cacare*, « chier ».

« Là trouverez sur un banc le chapeau du prêtre. Prenez-le et chiez dedans, car vous ne sauriez mieux. » (Ph. de Vigneulles, *Les Cent Nouvelles Nouvelles*, 1515.)

« Laissons-là ce fat d'Apollon, / Chions dans son violon. » (Saint-Amant, *Le Débauché*, 1638.)

Chiper, *v.*

Voler. Probablement dérivé du mot ancien CHIPE, « petit morceau, rognure d'étoffe », d'où le sens de CHIPER, « dérober une chose de peu de valeur ».

« Je ne reçois aucune nouvelle [de ma fille]. Je m'en inquiète. Veillez bien à ce que M. Dudevant ne me chipe pas ma fille. » (G. Sand, *Correspondance*, 1837.)

« Ce qui me chagrine, c'est qu'on va t'empaumer, on va te chiper tout ce que tu as ; et que feras-tu une fois sans argent, toi qui ne sais pas te conduire ? » (Stendhal, *La Chartreuse de Parme*, 1839.)

Choper, *v.*

Attraper, prendre. Altération de CHOPPER, « trébucher, être arrêté par une difficulté ».

« Tes pieds crevés font courant d'air, / Et tu vas choper un bon rhume ! » (J. Rictus, *Les Soliloques du pauvre*, 1897.)

« La guerre nous a pris, nous deux, Jean, le père avec le fils ! Ah, j'ai fait un fameux soldat ! Chopé avec mon sac et mon fusil dès le premier jour, comme une pauvre mouche qui se dépêtre dans du sirop ! » (P. Claudel, *L'Ours et la Lune*, 1919.)

Chou, *n. m.*

Mon chéri. Peut-être dérivé de CHOUER, forme ancienne de CHOYER.

« Depuis que je suis au monde, je n'ai jamais joui de la vie comme je fais avec votre cher enfant [...] ma main tremble un peu ; mais c'est de joie de sentir celle de mon chou qui la conduit. » (N. Restif de la Bretonne, *Le Paysan perverti*, 1776.)

Chouette, *adj.*

Plaisant, agréable. Terme d'origine obscure. La chouette est traditionnellement tenue pour un animal coquet.

« Je ne vous ferai pas attendre le remboursement car j'ai deux tiers de volume d'un livre un peu chouette à vous livrer quand vous voudrez. » (G. Sand, *Correspondance*, 1837.)

« Jamais je n'oublierai cette singulière impression. Nous y avons couché trois nuits, au pied de ces vieilles bougresses de pyramides, et franchement c'est chouette. » (G. Flaubert, *Correspondance*, 1850.)

Choux gras (faire ses), *loc. verb.*

Tirer profit.

« Notre doctrine contrarie à ce qui a été tenu et suivi pour bon de tout temps. Et de fait, les papistes en savent bien faire leurs choux gras. » (J. Calvin, *Des scandales*, 1550.)

Clampin, *n. m.*

Personne lente et paresseuse. Dérivé de l'ancien sens de CLAMPIN, « boiteux » (« Le duc du Maine, tout clampin qu'il est, a épousé la fille de Monsieur le Prince. », Mme Du Noyer, *Lettres historiques et galantes*, fin du XVIIe siècle.)

« Un jour mon sergent me bouscule pour me faire obéir plus vite ; il avait raison, car je faisais le clampin » (E. Sue, *Les Mystères de Paris*, 1843.)

Clique, *n. f.*

Terme de mépris qu'on inflige à des coteries ou à des groupes qu'on n'estime pas. Probablement dérivé de l'ancien français CLIQUER « faire du bruit », en référence aux bavardages liés aux intrigues des coteries.

« NÉRINE : N'est-ce pas une honte à Valère, / Étant fils de famille, ayant encor son père, / Qu'il vive comme il fait ; et que, comme un banni, / Depuis un an il loge en un hôtel garni ?
– HECTOR : Et vous y logez bien, et vous et votre clique. » (J.-Fr. Regnard, *Le Joueur*, 1697.)

« La clique philosophique est odieuse aux gens du monde, parce que les gens du monde sont ignorants et frivoles, et qu'un philosophe s'en aperçoit. » (D. Diderot, *Lettres à Sophie Volland*, 1774.)

Clocher, *v.*

Aller mal, être défectueux. Emprunté au latin vulgaire *cloppicare*, « boiter ».

« Amour qui cloche n'a durée. » (J.-A. de Baïf, *Mimes, Enseignements et Proverbes*, 1581.)

« Il ne faut pas être si prompt à condamner la conduite des autres ; et [...] ceux qui veulent gloser, doivent bien regarder chez eux s'il n'y a rien qui cloche. » (Molière, *Les Fourberies de Scapin*, 1671.)

Cochons (copains comme), *loc. adj.*

« Camarades comme cochons, i.e. grandement familiers. » (A. Oudin, *Curiosités françaises*, 1640.)

« Oui, oui, à l'heure qu'il est, lui, ami comme cochon avec tout ce bas monde. » (Ed. de Goncourt, *Journal*, 1890.)

Cochon, *adj.*

Obscène. Dérivé de COCHON, « jeune porc ».

« Relis ce conte [N.d.A. : *La Courtisane amoureuse*] et appesantis-toi sur chaque mot, sur chaque phrase. Quelle admirable narration et quel enchaînement !!! Songer pourtant que les contes de La Fontaine passent encore pour un mauvais livre ! Un livre cochon ! » (G. Flaubert, *Correspondance*, 1853.)

« Dîner chez mon oncle, qui nous conte une gravure cochonne qu'il possède : un perruquier qui accommode une dame et en est accommodé. » (J. et Ed. de Goncourt, *Journal*, 1863.)

Coffrer, *v.*

Emprisonner.

« Par les soins vigilants de l'exempt Balafré, / Ton affaire allait bien, le drôle était coffré. » (Molière, *L'Étourdi*, 1663.)

« S'il ne me paie aujourd'hui, je le ferai coffrer demain. » (J.-Fr. Regnard, *Le Retour imprévu*, 1700.)

Cogne, *n. m.*

Gendarme. Dérivé de *cogner*, « frapper ».

« Môme ! on ne dit pas les sergents de ville, on dit les cognes. » (V. Hugo, *Les Misérables*, 1862.)

Cogner, *v.*

« Battre » (A. Oudin, *Curiosités françaises*, 1640.)

« Ah ! Chienne ! Ah ! Carogne ! Et tu défendais la brèche… foutue garce !… je la cogne ; elle m'égratigne, elle hurle, je jure en frappant toujours. » (H. de Mirabeau, *Le Libertin de qualité, ou ma Conversion*, 1783.)

Con, *n. m.*

a. Sexe féminin. Emprunté au latin *cunnus*, du même sens.

« Les culs plus que les cons sont maintenant ouverts, / Les mignons de la Cour y mettent leurs lancettes. » (P. de l'Étoile, *Registre-Journal du règne de Henri III*, 1576-1578.)

b. Imbécile. Du sens érotique à l'injure, le passage n'est pas clair.

« Vous me croyez plus con que je ne suis, pour me servir d'une de vos expressions, si vous me croyez capable de vivre dans la société des Barrières et autres. » (Pr. Mérimée, *Correspondance avec Stendhal*, 1831.)

Connard, *n. m.*

Triple idiot. Croisement probable de CON et CORNARD.

« T'as bien visage de connard. » (E. Marcadé, *Mystère de la Passion*, 1425.)

« Faire d'un tel connard un prêtre ! » (Anonyme, *Six pièces polémiques du recueil La Vallière*, 1530.)

Conchier, *v.*

Souiller d'excréments. Dérivé de CHIER.

« Il se conchiait à toutes heures, car il était merveilleusement flegmatique des fesses. » (Fr. Rabelais, *Gargantua*, 1542.)

Coude (hausser/lever le), *loc. verb.*

Boire avec quelque excès.

« M. le duc de Bourgogne fut si aise qu'il en haussa le coude jusqu'à tenir des propos si joyeux qu'il ne pouvait le croire le lendemain. » (Saint-Simon, *Mémoires*, milieu du XVIIIe siècle.)

Couler (se la – douce), *loc. verb.*

Mener une vie agréable.

« Un paradis ! Toute la science mise à se la couler douce ! La vraie jouissance enfin d'être vivant ! » (É. Zola, *La Terre*, 1887.)

Couille, *n. f.*

Testicule. Emprunt au latin populaire *colea*, de même sens.

« Si ma couille pissait telle urine,
la voudriez-vous bien sucer ? »
(Fr. Rabelais, *Gargantua*, 1542.)

« C'est un esprit eunuque, la couille lui manque, il n'a jamais pissé que de l'eau claire. » (G. Flaubert, *Correspondance*, 1853.)

Couillon, *n. m.*

Imbécile. Dérivé de COUILLE.

« Toujours laisse aux couillons émorche [N.d.A. : amorce] / Qui son hord [N.d.A. : sale] cul de papier torche.
– Quoi !, dit Grandgousier, mon petit couillon, as-tu pris au pot, vu que tu rimes déjà ? » (Fr. Rabelais, *Gargantua*, 1542.)

« Pourquoi, grand couillon, ne m'as-tu pas donné de tes nouvelles ? » (G. Flaubert, *Correspondance*, 1860.)

Couillonnade, *n. f.*

Idiotie. Dérivé de COUILLON.

« Je suis effrayé, épouvanté, scandalisé par la couillonnade transcendante qui règne sur les humains. » (G. Flaubert, *Correspondance*, 1860.)

Coup (boire un), *loc. verb.*

Boire un verre.

« MÉDECIN : Vos déjections, comment sont-elles ? – MONSIEUR

DE POURCEAUGNAC : Ma foi ! je ne comprends rien à toutes ces questions, et je veux plutôt boire un coup. »
(Molière, *Monsieur de Pourceaugnac*, 1670.)

Craché (tout), *loc. adj.*

Manifestant une forte ressemblance. L'action de cracher peut évoquer symboliquement l'acte de génération.

« Ma foi c'est un andropophage, / C'est un vrai démon tout craché. »
(Ch. d'Assoucy, *Le Ravissement de Proserpine*, 1653.)

Crâner, *v.*

Prendre des airs hautains et arrogants. Dérivé de l'adjectif CRÂNE, « fanfaron ».

« On croquait ça sans pain, comme un dessert. Lui, en aurait bouffé toute la nuit, sans être incommodé ; et, pour crâner, il s'enfonçait un pilon entier dans la bouche. » (É. Zola, *L'Assommoir*, 1877.)

Crevé, *adj.*

Épuisé.

« Il est vieux et usé, dit un grand, il s'est crevé à me suivre ; qu'en faire ? »
(J. de La Bruyère, *Les Caractères*, 1688.)

Cruche, *n. f. ou adj.*

(Personne) stupide. Sens dérivé métaphoriquement de CRUCHE, « récipient à anse ».

« Il est tant d'autres maux que qui trop les épluche / Et trop les examine en peut devenir cruche. » (J. du Lorens, *Satires*, 1646.)

« Mon Dieu, que vous riez de mauvaise façon ! / Hi, hi, hi, hi, hi, hi, vous riez en guenuche [N.d.A. : jeune guenon], / Adorable beauté qui m'allez rendre cruche. » (P. Scarron, *L'Héritier ridicule ou la Dame intéressée*, 1650.)

Cuite, *n. f.*

Ivresse, soulerie. Dérivé du sens métaphorique de l'adj. CUIT, « ivre ».

« Il ne dessoulait pas, ce brave homme. Ce jour-là, à huit heures, il était encore tout rigolo d'une cuite prise la veille. » (É. Zola, *L'Assommoir*, 1877.)

« Cette amoureuse ou cette dévouée avait, tous les ans, des attaques de catalepsie qui lui duraient deux ou trois jours, attaques que Servin attendait comme les musulmans attendent la fin du ramadan et pendant lesquelles il disparaissait de la maison, se flanquant une cuite de quarante-huit, de soixante heures, au bout desquelles la pauvre femme allait le ramasser plus mort que vif chez quelque marchand de vin. » (Ed. de Goncourt, *Journal*, 1890.)

Cul, *n. m.*

Postérieur. Emprunt au latin *culus*, de même sens.

« Pauvre sens [N.d.A. : raison] et pauvre mémoire / M'a Dieu donné, le roi de gloire, / Et pauvre rente, / Et froid au cul quant bise vente. » (Rutebeuf, *Griesche d'hiver*, XIIIe siècle.)

« Je suis François, dont il me poise, / Né de Paris emprés [N.d.A. : après] Pontoise, / Et de la corde d'une toise [N.d.A. : la corde du pendu] / Saura mon col que mon cul poise. » (Fr. Villon, *Poèmes variés*, 1456-1463.)

Culbuter, *v.*

Posséder charnellement. Composé de CULER, « pousser au cul » et BUTER, « heurter ».

« Ils n'ont fait toute la nuit que s'entre-culbuter de telle rage de cul que je pensais que la maison en cherrait [N.d.A. : s'en effondrerait] » (Fr. Béroalde de Verville, *Le Moyen de parvenir*, 1610.)

D

D

D

Dada, *n. m.*

« Dada. Mot burlesque pour dire un cheval ou un petit cheval » (C.-P. Richelet, *Dictionnaire de la langue française ancienne et moderne*, 1732). Formation enfantine.

« Le délivreur d'Androméda, / Vit moins de mers, de monts, de vaux, / Monté sur son ailé dada, / Que n'en courut ce grand D'Avaux. » (V. Voiture, *Poésies*, 1654.)

« Elle le prit par la bride : gentil dada, dit-elle, voudrais-tu bien me porter chez ma marraine la fée ? » (Mme d'Aulnoy, « Finette Gendron », 1698.)

Daron, *n. m.*

« Daron. Le Maître, le Père » (N. Racot de Grandval, *Le Vice puni ou Cartouche*, 1725). Croisement probable de BARON, « seigneur » avec l'ancien français DAM (issu de *dominus*), « seigneur, maître ». Le terme revêt d'ailleurs le sens de « maître de maison » au XVIIe siècle (voir : « Le daron à pas lents parcourt du même jour / La ville, les faubourgs et jardins tour à tour », C.-P. Richelet, *Dictionnaire de la langue française ancienne et moderne*, 1732).

« Notre dâb qu'on dit aux cieux, / (*C'est y qu'on n' pourrait pas s'entendre !*) / Notre daron qui êt's si loin / Si aveug', si sourd et si vieux, / (*C'est y qu'on n' pourrait pas s'entendre !*) / Que Notre effort soit sanctifié. » (J. Rictus, *Les Soliloques du pauvre*, 1897.)

Débine, *n. f.*

Gêne pécuniaire. Dérivé de l'ancien verbe DÉBINER, « être dans la misère », d'origine obscure.

« Depuis deux mois, vous voyez venir ici ce brave commandant, une victime des Bourbons, qui était fait pour être général, et qu'est dans la débine, acculé dans un trou de pays où la fortune n'a pas de quoi se promener. » (H. de Balzac, *La Rabouilleuse*, 1843.)

« Si je me trouvais dans la débine, je demanderais un prêt, et je ne serais pas exposée à une catastrophe. » (G. Sand, *Correspondance*, 1848.)

Débiner, *v.*

« Débiner. Médire, calomnier » (E.-F. Vidocq, *Les Voleurs*, 1836). Verbe d'origine obscure.

Wartburg y voit un dérivé de BINER, en faisant l'hypothèse d'un développement sémantique de DÉBINER analogue à celui de BÊCHER, « dire du mal ».

« Il n'a guère été question que de vous, et tout le monde chantait vos louanges, si ce n'est moi, bien entendu, qui vous ai débinée le plus possible, chère maître bien-aimée. »
(G. Flaubert, *Correspondance*, 1868.)

Déblatérer, *v.*

S'exprimer violemment et abondamment contre quelqu'un ou quelque chose. Emprunt au latin *deblaterare*, « dire en bavardant à tort et à travers ».

« Les philosophes, ces gens de rien que nous mettions dans nos salons, ont eu l'inconvenance et l'ingratitude, pour prix de nos bontés, de faire l'inventaire de nos cœurs, de nous décrier en masse, en détail et de déblatérer contre le siècle.
Le peuple, qui est très mal placé pour juger quoi que ce soit, a vu le fond des choses, sans en voir la forme. »
(H. de Balzac, *La Duchesse de Langeais*, 1835.)

« Le jour où Denis Rogron et sa sœur Sylvie se mirent à déblatérer contre la clique, ils devinrent sans le savoir des personnages et furent en voie d'avoir une société. » (H. de Balzac, *Pierrette*, 1843.)

Décharger, *v.*

Jouir. Spécialisation sémantique de DÉCHARGER, « se libérer d'une charge ».

« Il est fou d'imaginer qu'on doive rien à sa mère. Et sur quoi donc serait fondée la reconnaissance ? Sur ce qu'elle a déchargé quand on la foutait ? Assurément, il y a de quoi ! » (D. A. F. de Sade, *Les 120 Journées de Sodome*, 1785.)

Dèche, *n. f.*

État de grand dénuement. Probablement apparenté au groupe de DÉCHOIR.

« En épousant un ouvrier, ma fille,
tu seras dans la dèche toute ta vie. »
(P.-A Ponson du Terrail, *Rocambole*, 1859.)

Dégaine, *n. f.*

Allure originale. Extension sémantique probable de DÉGAINE, « manière de dégainer ».

« Aga, quien, qui m'a angé
de ce galouriaut ? […] Vela un angein
de belle déguesne. » (Cyrano de Bergerac, *Le Pédant joué*, 1654.)

« Quelle dégaine ! Mais le voilà ; voyez la belle dégaine ! » (J.-J. Vadé, *Nicaise*, 1756.)

Dégobiller, *v.*

Vomir. Dérivé de GOBER.

« Il n'y eut que Saturne qui s'éloigna de toutes ces réjouissances pour aller tenir la tête à Janus, qui dégobillait dans son bonnet à quatre doublures. » (Ch. Sorel, *Le Berger extravagant*, 1627.)

« On n'est point honteux, en Flandres, de dégobiller sous la table. » (A. Furetière, *Dictionnaire universel*, 1690.)

Dégoiser, *v.*

Parler inconsidérément. Dérivé de GOSIER.

« Peste ! Madame la Nourrice, comme vous dégoisez ! Taisez-vous, je vous prie : vous prenez trop de soin, et vous échauffez votre lait. » (Molière, *Le Médecin malgré lui*, 1667.)

Dégommer, *v.*

Limoger ; virer. Extension sémantique du sens premier, « débarrasser une chose de la gomme dont elle est enduite ».

« Il y avait un employé, homme de talent, qui avait résolu de changer tout le système des finances… ah bien, nous l'avons joliment dégommé. » (H. de Balzac, *La Maison Nucingen*, 1838.)

Dégueuler, *v.*

Vomir. Dérivé de GUEULE.

« Oh le vilain, il dégueule ! » (C.-P. Richelet, *Dictionnaire de la langue française ancienne et moderne*, 1732.)

« Il a dégueulé dans les jambes de tout le monde. Il a pissé sur les robes des femmes, sur la tête du conducteur, sur le dos de son maître. C'est une véritable infamie qu'un chien pareil. » (G. Sand, *Correspondance*, 1832.)

Dépiauter, *v.*

Dépouiller un animal de sa peau. Dérivé de PIAU, forme dialectale de PEAU.

« Il y a quelques jours, on nous a apporté tout vivant un énorme lézard du Nil qui ressemblait à un petit crocodile, que nous avons immédiatement tué et dépiauté. » (G. Flaubert, *Correspondance*, 1850.)

Dinguer (envoyer), *loc. verb.*

Repousser violemment ; envoyer promener. Dérivé du radical onomatopéique *din-*, évoquant le branle d'une cloche.

« Une bourgeoise qui vous traite de soûlard, une boutique où il est défendu de cracher… Je les ai envoyés dinguer le premier soir, tu comprends. » (É. Zola, *L'Assommoir*, 1877.)

Dondon, *n. f.*

Femme au fort embonpoint. Dérivé de la racine *dond-* évoquant le gonflement. Le redoublement de la voyelle s'est sans doute effectué sous l'influence de DONDAINE, « machine de guerre grosse et courte ».

« Cependant la reine Didon / Perdait sa face de dondon. » (P. Scarron, *Virgile travesti*, 1648-1652.)

« Je quitte le Montami ; je l'ai trouvé avec une grosse dondon, dont je vous dirais volontiers, comme du curé de la Chevrette, qu'on la baiserait pendant deux mois sans la baiser deux fois au même endroit. » (D. Diderot, *Lettres à Sophie Volland*, 1762.)

Donzelle, *n. f.*

Jeune fille ou femme prétentieuse et/ou ridicule.

« L'air précieux n'a pas seulement infecté Paris ; il s'est aussi répandu
dans les provinces ; et nos donzelles
en ont humé leur bonne part. »
(Molière, *Les Précieuses ridicules*, 1659.)

E

E

E

Écrabouiller, *v.*

Écraser, réduire en bouillie. Initialement ESCARBOUILLER. Croisement probable de ÉCRASER avec l'ancien verbe ESBOILLIER, « étriper », dérivé de BOIEL, « boyau ».

« Ah quelle peste, hélas, est-ce, qui, sans repos, / Me tranche tout le cœur, m'écrabouille les os ? » (J. de la Taille, *Alexandre*, 1573.)

« C'est que c'est tout de même un véritable massacrement pour l'entendement d'un honnête homme, répliqua le grenadier, que de voir des Iroquois de la Chine qui ont eu leur beau-père estropié par le seigneur, leur grand-père galérien par le curé, et leur père pendu par le roi, et qui se battent, nom d'un petit bonhomme ! et qui se fichent en révolte, et qui se font écrabouiller pour le seigneur, le curé et le roi ! » (V. Hugo, *Quatre-Vingt-Treize*, 1874.)

Emberlificoter, *v.*

Déformation de l'ancien verbe EMBERLUCOQUER, « enjôler, ensorceler ».

a. Emmêler.

« Ce gouvernement d'à présent finit par me faire pitié. Il devient vraiment trop misérable. Il n'avait encore été qu'immonde au-dedans, le voilà qui devient petit au-dehors. Le nain traînant le grand sabre, s'y emberlificotant les jambes, et saignant du nez sur Austerlitz, ce n'est plus drôle. C'est lugubre. » (V. Hugo, *Correspondance*, 1853.)

b. Au figuré, embobiner.

« Quand je me trouve en face de lui, je me sens hébétée et comme sourde ; même sa politesse, sa façon de vous prendre, de vous tapoter les mains, les phrases dont il vous emberlificote… Enfin, il ne vous donne jamais rien et l'on dirait qu'il vous comble. » (A. Daudet, *Soutien de famille*, 1897.)

Embobiner, *v.*

« Embobiner. Enjôler, tromper par des paroles captieuses » (J.-F. Rolland, *Dictionnaire du mauvais langage,* 1813). Altération d'un ancien dérivé de BOBINE, EMBOBELINER.

« Sa sœur voulait donc devenir une cocotte qu'elle se laissait embobiner par des aristos ? » (J.-K. Huysmans, *Les Sœurs Vatard*, 1879.)

Embrouillamini, *n. m.*

Confusion inextricable. Croisement d'EMBROUILLER et de BROUILLAMINI.

« Il y a au troisième acte un embrouillamini qui me déplaît, et au cinquième il y a deux poignards qui me font de la peine. » (Voltaire, *Correspondance*, 1760.)

« Comme chacun parlait à son tour, cela faisait un embrouillamini de dit-il, répondit-il, répliqua-t-il, ajouta-t-il, continua-t-il. » (A.-Cl. de Caylus, *Histoire de Monsieur Guillaume, cocher*, 1737.)

Emmerder, *v.*

Importuner, contrarier. Dérivé de MERDE.

« Quelle belle invention que l'école de droit pour vous emmerder ! C'est à coup sûr la plus enkikinante de la création. » (G. Flaubert, *Correspondance*, 1845.)

« Sacré nom de Dieu ! il faut se raidir et emmerder l'humanité qui nous emmerde ! » (G. Flaubert, *Correspondance*, 1853.)

Emmerdant, *adj.*

Ennuyeux, contrariant. Dérivé de EMMERDER.

« Je voudrais bien avoir votre opinion sur Molière et *Le Misanthrope*. – C'est emmerdant parce que j'ai l'air d'une vieille culotte de peau romantique ; mais *Le Misanthrope*, ça me semble infect. » (J. et Ed. de Goncourt, *Correspondance*, 1857.)

Enculer, *v.*

Sodomiser. Dérivé de CUL.

« Comment ! Me refuser, moi, moi qui ai des femmes qui ont un nom, moi qui ai enculé Mme Plessy-Arnould ! » (J. et Ed. de Goncourt, *Correspondance*, 1853.)

Engueuler, *v.*

Réprimander avec quelque violence et grossièreté. Dérivé de GUEULE.

« De si loin on ne voit ni la crotte ni la misère ; les gendarmes apparaissent comme des points brillants sur le pavé, les cochers de fiacre s'engueulent (mot consacré ici) avec les poissardes et les mouchards, sans que le bruit monte jusqu'à mon séjour éthéré, semblable à une étoile fixe. » (G. Sand, *Correspondance*, 1831.)

« Il faut avant tout : défendre la Justice, engueuler l'Autorité, et ahurir les Bourgeois. » (G. Flaubert, *Correspondance*, 1867.)

Entraver, *v.*

Comprendre. Emprunt altéré au latin *interrogare*, « questionner ».

« Contres [N.d.A. : compagnons] de la gaudisserie, / Entervez toujours blanc pour bis [N.d.A. : noir] » (Fr. Villon, *Ballades*, 1455-1460).

« Je n'entrave que le dail [N.d.A. : que dalle] comment meck, le daron des orgues, peut atiger ses mômes et ses momignards et les locher criblant sans être atigé lui-même [N.d.A. : Je ne comprends pas comment Dieu, le père des hommes, peut torturer ses enfants et ses petits-enfants et les entendre crier sans être torturé lui-même]. » (V. Hugo, *Les Misérables*, 1862.)

Épater, *v.*

Étonner vivement. Dérivé de PATTE, d'où le sens premier d'ÉPATER, « priver de l'usage d'une patte », et son sens métaphorique dérivé, « étonner quelqu'un au point de le faire tomber à la renverse. »

« Il dit aux gens leurs vérités comme un magicien et vous en seriez épaté. » (G. Sand, *Correspondance*, 1851.)

Estourbir, *v.*

Assommer, tuer. Dérivé de la forme alémanique du participe passé de l'allemand *sterben*, « mourir ».

« Pourvu qu'il ne me fasse pas droguer [N.d.A. : attendre] trop longtemps, dit la Chouette ; il faut que je sois chez Bras-Rouge à cinq heures avec les Martial pour estourbir la courtière. » (E. Sue, *Les Mystères de Paris*, 1843.)

F

F

F

Fafiot, *n. m.*

Billet de banque. Probablement formé à partir du radical onomatopéique *faf-*, exprimant l'idée de « peu de valeur ».

« On invente les billets de banque, le bagne les appelle des fafiots garatés, du nom de Garat, le caissier qui les signe. Fafiot ! n'entendez-vous pas le bruissement du papier de soie ? »
(H. de Balzac, *Splendeurs et Misères des courtisanes*, 1847.)

Fagoter, *v.*

« Fagoter. Habiller ridiculement » (C.-P. Richelet, *Dictionnaire de la langue française ancienne et moderne*, 1732). Dérivé de FAGOT, d'où le sens premier de FAGOTER, « mettre en fagots », à partir de quoi dérivent les sens figurés « composer à la hâte » puis « habiller sans recherche ».

« MADAME JOURDAIN : Ah mon Dieu ! miséricorde ! Qu'est-ce que c'est donc que cela ? Quelle figure ! Est-ce un momon [N.d.A. : défi au jeu de dés porté par des masques] que vous allez porter ?

et est-il temps d'aller en masque ? Parlez donc, qu'est-ce que c'est que ceci ? Qui vous a fagoté comme cela ? » (Molière, *Le Bourgeois gentilhomme*, 1670.)

Fanfreluche, *n. f.*

« Mot bas et burlesque qui entre quelquefois dans les vaudevilles, et qui signifie *freluche, bagatelle, petite chose de rien, et qui pare* » (C.-P. Richelet, *Dictionnaire de la langue française ancienne et moderne*, 1732). Altération expressive d'un emprunt au bas latin *famfaluca*, « bulle d'air ».

« Vous diriez que ces maîtres moines ont pris à tâche de faire connaître le diable, et de faire voir ses griffes au monde, afin qu'on ait recours à leurs fanfreluches spirituelles et à leurs grains bénits. » (G. Patin, *Lettres*, 1643.)

Farfouiller, *v.*

Fouiller en tripotant. Dérivé intensif de FOUILLER.

« Il tira son chouard [N.d.A. : sexe] vif et glorieux. Quand la fille le vit : "Qu'est-ce que cela ? – C'est mon esprit. – Je vous prie, donnez m'en un peu : ma maîtresse ne me fait que tancer, et dire que je n'ai point d'esprit." Il la prit, et lui en distribua autant qu'à lui, dont elle se trouva passablement bien ; aussi en était-elle toute réjouie, comme celle qui disait que Claude lui avait farfouillé en son cul de devant. » (Fr. Béroalde de Verville, *Le Moyen de parvenir*, 1610.)

« Farfouiller. Fouiller, chiffonner, manier, patiner. *Il la baise et la farfouille.* » (C.-P. Richelet, *Dictionnaire de la langue française ancienne et moderne*, 1732.)

Fichu, *adj.*

Foutu (satané, perdu...). Participe passé de FICHER, forme euphémique de FOUTRE.

« Je savais bien que j'aurais raison de ce diable de Docteur, et de toute sa fichue doctrine. » (Molière, *La Jalousie du barbouillé*, 1650.)

« 6 avril. Attendu ma femme. Rien fait. Fichue vie. » (B. Constant, *Journaux intimes*, 1816.)

« Je crois que si l'on ne nous donne pas un ministère franchement à gauche nous sommes fichus. » (G. Sand, *Correspondance*, 1831.)

Finasser, *v.*

Faire des finesses, faire preuve de rouerie. Issu de l'ancien FINESSER, dérivé de FINESSE.

« J'aimais trop ma mère pour finasser avec elle. » (Ch. de Mouhy, *La Paysanne parvenue ou les Mémoires de Mme la Marquise de L. V.*, 1735.)

« Mon horreur était de vendre un champ à un paysan en finassant huit jours à l'effet de gagner 300 francs. » (Stendhal, *Vie de Henry Brulard*, 1836.)

Flic, *n. m.*

Agent de police. Emprunt probable à l'ancien argot des malfaiteurs allemands *flick*, « garçon », attesté dès le début du XVIe siècle.

« Je vous aime et j'estime / Votre petit trafic / Qui, n'osant pas le crime, / Ment et vole, depuis le flic / Jusqu'au collignon rouge / De veste et de gilet. » (P. Verlaine, *Invectives*, 1896.)

« Est-ce qu'il y avait du bon sens à faire mourir de faim un brave homme parce qu'il avait eu des difficultés avec les flics ? » (A. France, *Crainquebille*, 1904.)

Flingue, *n. m.*

Arme à feu. Emprunt probable au bavarois *flinke*, *flinge*, variante de l'allemand *Flinte*, « fusil ».

« Il se voyait déjà au régiment. Il quittait sa blouse pour la tunique aux boutons de cuivre, on lui mettait un flingot entre les doigts et là, au soleil, à la pluie, au vent, il devait s'évertuer à jongler avec ! » (J.-K. Huysmans, *Les Sœurs Vatard*, 1879.)

« PÈRE UBU : Sac à vin ! Avec ton flingot qui ne part pas. – LE RUSSE : Ah ! Voyez-vous ça. (Il lui tire un coup de revolver.) » (A. Jarry, *Ubu Roi*, 1895.)

Foin (faire du), *expr.*

Faire du tapage, du scandale.

« En v'là des pétardiers ! Ils sont deux et ils font du foin comme trente-six. » (G. Courteline, *Le Train de 8 h 47*, 1888.)

Folichon, *adj.*

« Folâtre, badin » (C.-P. Richelet, *Dictionnaire de la langue française ancienne et moderne*, 1732). Dérivé de FOU.

« Que deviendra ton humeur folichonne ? Que deviendront tant de jolis ébats ? » (B. de Fontenelle, *Éloge des académiciens*, 1715.)

« Deux heures que je m'entretiens [...] avec une petite Baronne si folichonne, si remuante, si méthodiquement étourdie. » (Marivaux, *Le Petit-Maître corrigé*, 1739.)

Folies (faire des – de son corps), *loc. verb.*

« Elle n'a pas encore fait folie de son corps : elle est encore pucelle. » (A. Oudin, *Curiosités françaises*, 1640.)

« Je donnerai cinquante écus, / S'il se trouve quelqu'un qui die / Qu'il m'ait vu faire une folie / De mon corps, croyez le serment. » (J. Grévin, *Les Ébahis*, 1562.)

« – Votre parole d'honneur que vous n'en direz rien ?... – Sur la tête de nos enfants, nous la donnons. – Que ma tante Messidor fasse des folies de son corps si je bavarde ! » (E. Sue, *Les Mystères de Paris*, 1843.)

Fouille-merde, *n. m.*

« Il se dit figurément de ceux qui parlent ou qui écrivent des matières déshonnêtes. » (C.-P. Richelet, *Dictionnaire de la langue française ancienne et moderne*, 1732.) Du nom du coléoptère coprophage.

« Les poings coupés je vous souhaite, / Car notre Roi vous diffamez ! / Ô Dieu, par qui tout est rangé, / Faut-il que la France se perde, / Et que le peuple soit mangé / Par ces beaux petits fouille-merde ! » (P. de l'Estoile, *Registre-Journal du règne de Henri III*, 1578.)

Fourrer (se), *v.*

« Entrer. S'engager dans quelque affaire, dans quelque danger » (C.-P. Richelet, *Dictionnaire de la langue française ancienne et moderne*, 1732). Extension sémantique de FOURRER, « faire entrer dans un endroit étroit et profond comme dans un fourreau ».

« Vous êtes un sot de venir vous fourrer où vous n'avez que faire. » (Molière, *Le Médecin malgré lui*, 1666.)

« Taisez-vous, impertinente. Vous vous fourrez toujours dans la conversation. » (Molière, *Le Bourgeois gentilhomme*, 1670.)

Foutre, *v.*

Faire. Extension sémantique de FOUTRE, « posséder charnellement ».

« Qu'est-ce que cela fout, tout cela ? Il n'y a de défaites que celles que l'on a tout seul devant sa glace, dans sa conscience. » (G. Flaubert, *Correspondance*, 1853.)

« Oui, oui, regardez-moi, disait Buteau, si vous croyez que je nourris les bêtes à ne rien foutre ! Quand on aime la viande, on la gagne, bougre de goinfre ! » (É. Zola, *La Terre*, 1887.)

Foutre (se), *v.*

Ne pas se soucier, n'accorder aucune importance.

« Monsieur, je me fous de vous, de votre femme, de vos parents et de tous les laquais qui, à force d'être fripons, sont devenus fermiers. » (Montesquieu, *Correspondance*, 1726.)

« Je me fous de Scot comme de saint Augustin. Bien intriguer, bien boire, bien foutre… et vogue la galère ! » (H. de Mirabeau, *Le Libertin de qualité ou ma Conversion*, 1783.)

« Ah, ouiche ! On s'en fout, des gendarmes !... » (É. Zola, *La Débâcle*, 1892.)

Foutre (aller se faire), *loc. verb.*

Aller se faire voir.

« Avez-vous besoin de quelque chose ? demande [le geôlier]. [...] – Non. – En ce cas, allez vous faire foutre, et il referme la porte. » (L.-Fr. L'Héritier, *Supplément aux Mémoires de Vidocq*, 1830.)

Foutre (envoyer se faire), *loc. verb.*

Envoyer balader.

« Le grec va marcher de nouveau et si, dans deux ans, je ne le lis pas, je l'envoie faire foutre définitivement. » (G. Flaubert, *Correspondance*, 1845.)

Foutre le camp, *loc. verb.*

Décamper, partir.

« Il a foutu le camp comme si le diable le fouaillait. » (J. Barbey d'Aurevilly, *Memoranda*, 1838.)
« Va dans les cafés, fous le camp sans payer, donne des renfoncements dans les chapeaux, rote au nez des gens,

dissipe la mélancolie et remercie la providence. » (G. Flaubert, *Correspondance*, 1845.)

« Tout fout le camp avec la république. » (J. et Ed. de Goncourt, *Journal*, 1870.)

Foutu, *adj.*

Capable.

« Il dit qu'il est un maquereau. Mais il n'est pas foutu de l'être. Moi je l'ai vu payer sa femme… » (M. Proust, *Le Temps retrouvé*, 1927.)

Frangin, *n. m.*

Frère. Terme d'origine obscure.

« Ah ! les veaux tout d' mêm', les vagins, / Les salopiots…, les pauv' loufoques, / C'est pas euss qui f'ront v'nir l'Époque / Où qu' les z'Homm's y s'ront tous frangins » (J. Rictus, *Les Soliloques du pauvre*, 1897.)

Franquette (à la bonne), *loc. adv.*

Franchement, sans faire de manières ni de cérémonies. Probablement dérivé du terme picard FRANC.

« Eh ! oui, oui, vous autres grosses dames, vous n'allez point tout d'abord à la franquette. » (J. de La Fontaine, *La Coupe enchantée*, 1688.)

« Personne ne veut vivre à cette *bonne franquette*, comme papa, toi et moi nous viverions. » (H. de Balzac, *Correspondance*, 1821.)

« Ces pauvres têtes [...] que François de Sales, infiniment plus sage, pacifierait en leur répétant qu'il faut aller avec Dieu comme avec les hommes, *à la grosse mode, à la bonne franquette.* » (H. Bremond, *Histoire du sentiment religieux*, 1920.)

Frime, *n. f.*

« Terme populaire qui se dit en cette phrase, Il en fait la *frime,* pour dire, la mine et la contenance. Il en fait la *frime* de s'en aller, pour dire, Il en a fait semblant. » (A. Furetière, *Dictionnaire universel*, 1690.) Altération de l'ancien français FRUME, vraisemblablement issu du bas latin *frumen*, « œsophage, gosier ».

« Cette capture n'avait pas été faite par des troupes, mais par les employés aux fermes, et, pour la frime, on en a fait enfermer quatre au château de Pierre Encise. » (R.-L. d'Argenson, *Journal et Mémoires*, 1757.)

Frimousse, *n. f.*

Visage. Dérivé de FRIME, « mine, air » et, plus particulièrement, « visage ».

« Pense à moi souvent et travaille, joue, saute, porte-toi bien, décrasse ta frimousse, lave tes pattes, ne sois pas trop gourmand et aime bien ta vieille qui t'embrasse cent mille fois. » (G. Sand, *Correspondance*, 1833.)

« Je veux dévisager ce beau mufle-là et lui défoncer la frimousse… pour que la belle blonde me trouve plus gentil que lui. » (E. Sue, *Les Mystères de Paris*, 1843.)

Frit, *adj.*

Perdu, foutu.

« Tout homme qui la voit est frit » (V. Voiture.)

« [Le mourant] cria fortement encore : “Vive le Roi !” – Oui, oui, sournois, dit La-clef-des-cœurs […]. Ne vient-il pas nous crier au nez vive le tyran, quand on le croit frit ! » (H. de Balzac, *Les Chouans*, 1829.)

Frousse, *n. f.*

Peur, effroi. Dérivé du radical onomatopéique *frou-*. En provençal, le FROUS est un « bruit strident ». La FROUSSE peut se comprendre par extension comme la peur suscitée par ce bruit.

« Monsieur Fraisse n'a la frousse / Que si la mer se courrouce. » (S. Mallarmé, *Vers de circonstance*, 1898.)

Frusques, *n. f. pl.*

Habits. Dérivé régressif de FRUSQUIN.

« Je te vois bien tortiller ton derrière. Ça te chatouille, les belles frusques. Ça te monte le coco… Veux-tu décaniller [N.d.A. : décamper] de là, bougre de chenillon ! » (É. Zola, *L'Assommoir*, 1877.)

G

G

G

Gaffe, *n. f.*

Maladresse, faute, impair. Le sens argotique pourrait dériver de GAFFE, « perche munie d'un croc utilisée dans la marine », par allusion aux brimades auxquelles seraient soumis les mousses.

« Pour se débarrasser de moi, elle m'a annoncé que vous étiez mort sans le sou, que vous étiez un pas grand-chose, une erreur de jeunesse, une gaffe de vierge, quoi. » (G. de Maupassant, *Le Champ d'oliviers*, 1890.)

Gardon (frais comme un), *loc. adj.*

Témoignant une éclatante santé.

« Après avoir été un mois à la campagne à se reposer, à se purger, à se rafraîchir, elle revient comme un gardon. » (Mme de Sévigné, *Correspondance*, 1675.)

« Cette dondon est fraîche comme un gardon ! » (A.-R. Lesage, *Achmet et Almanzine*, 1728.)

Girond, *adj.*

Beau, doté de formes agréablement arrondies. Peut-être en relation avec les dérivés du latin *gyrus*, « cercle », par référence à une forme ronde.

« Mon homme a mis dans le portefeuille du grand messière en noir deux lettres qui parlent de ça… Mais elle ne les verra pas, la petite gironde… » (E. Sue, *Les Mystères de Paris*, 1843.)

« Effondrer (enfoncer), otolondrer (ennuyer), cambrioler (tout ce qui se fait dans une chambre), aubert (argent), gironde (belle, le nom d'un fleuve en langue d'Oc), fouillouse (poche), appartiennent à la langue du quatorzième et du quinzième siècle. » (H. de Balzac, *Splendeurs et Misères des courtisanes*, 1847.)

Glaviot, *n. c.*

Crachat. Altération probable de l'ancien CLAVIOT, « crachat », sous l'influence de GLAIRE.

« Je me promets de mettre les pieds dans le plat, d'être violent, impitoyable, près de cracher un joli glaviot à la face de la médiocratie ! » (G. Flaubert, *Correspondance*, 1876.)

Gnangnan, *adj.*

D'une niaise et fade gentillesse. Selon toute vraisemblance, forme redoublée de l'adjectif NIENT/NIANT, « niais, nul », dérivé de NÉANT avec l'influence sémantique de FEIGNANT.

« Vous avez prouvé au public
et à vos camarades que vous êtes en état de jouer autre chose que des gnangnans. »
(F.-J. Talma, *Lettre à Mlle Bourgoing*, 1825.)

« Mon rafalé d'amant, comme tu le nommes, je l'aimerais peut-être s'il avait plus de colère au cœur, s'il était moins gnangnan, s'il était homme, enfin. »
(J.-K. Huysmans, *Marthe. Histoire d'une fille*, 1876.)

Gnon, *n. m.*

Coup et/ou hématome provoqué par le coup. Résultat de l'aphérèse d'OIGNON, l'enflure provoquée par le coup reçu évoquant vraisemblablement la forme du bulbe en question.

« Ian il ne sen faly guere que je ne ly assené un guièbe denhon au cul. »
(*Agréables Conférences de deux paysans de Saint-Ouen et de Montmorency*, 1651.)

« Jusque-là, il était rentré pompette, rien de plus. Mais, cette fois, il avait un gnon sur l'œil, une claque amicale égarée dans une bousculade. » (É. Zola, *L'Assommoir*, 1877.)

Gober, *v.*

Croire inconsidérément.

« Je connaissais le premier président pour un homme tout d'une pièce ; et les gens de ce caractère ne manquent jamais de gober avec avidité toutes les apparences qui les confirment dans la première impression qu'ils ont prise. » (Cardinal de Retz, *Mémoires*, 1677.)

« La crédulité parisienne n'a point de bornes en ce genre ; elle gobe tout ce qu'on lui présente. » (L.-S. Mercier, *Tableau de Paris*, 1782.)

Godiche, *n. f. ou adj.*

Niais, cruche. Issu de GODON, diminutif de CLAUDE, avec l'influence sémantique secondaire du radical *god-*, « niais », qu'on retrouve par exemple dans GODELUREAU.

« Y s'rait ben claude, ben godiche, de s'empêtrer d'une poison de ta façon. » (P. Leclair, *Les Méditations d'un hussard*, 1809.)

« Le voyant arriver monté, il examina de près l'uniforme de Lucien ; rien n'indiquait une chute. "Allons, celui-ci est moins godiche que les autres", se dit Bouchard. » (Stendhal, *La Chartreuse de Parme*, 1835.)

Gogo, *n. m.*

Personne crédule facile à tromper. Construit par redoublement de la syllabe initiale de GOBER.

« Eh bien, moi, j'aime mieux un mange-tout, passionné comme toi pour les femmes, que ces froids banquiers sans âme qu'on dit vertueux et qui ruinent des milliers de familles avec leurs rails qui sont de l'or pour eux et du fer pour les gogos ! » (H. de Balzac, *La Cousine Bette*, 1848.)

Gogo (à), *loc. adv.*

À cœur joie, à loisir, en abondance. Du latin *gaudere*, « se réjouir ».

« N'ayez point de religion, moquez-vous à gogo des prêtres et des sacrements de l'Église. » (*Satire Ménipée*, 1594.)

« Nous pissons dans même pot, / Nous nous baisons à gogo, / Nous chantons tan-tire-li-ra-lire / Sans jamais nous dire mot. » (L.-C. Discret, *Alizon*, 1637.)

Gonzesse, *n. f.*

Femme. Dérivé de l'argot GONZE, « garçon ».

« Et n'empêch' qu'en c'te nuit d'plaisir / Où trottaille ed'd'la bell'gonzesse, / Au fin fond d'ma putain d'jeunesse / Y s'lèv'comme un troupeau d'désirs ! »
(J. Rictus, *Les Soliloques du pauvre*, 1897.)

« J'entends : "A-t-il l'air gourde avec sa canne et sa gonzesse !" – Je crois que c'est de nous qu'ils parlent, me dit-elle. » (J. Renard, *Journal*, 1910.)

Gosse, *n. m.*

Enfant. Origine incertaine.

« Vous pensez, ce pauvre petit gosse, depuis trois jours qu'il ne s'est rien collé dans l'œsophage… » (A. Daudet, *Le Nabab*, 1877.)

Gouine, *n. f.*

Femme de mauvaise vie ; lesbienne. Féminin de GOUIN, « salaud », emprunté à l'hébreu *goyim*, « goys, chrétiens ».

« Que la vieille Thémis ne soit plus qu'une gouine / Baisant Mandrin dans l'antre où Mongis baragouine /

[…] Ô Nature profonde et calme, que t'importe… » (V. Hugo, *Les Châtiments*, 1853.)

« Voilà alors que ma sacrée gouine saute aux yeux de sa bourgeoise, et qu'elle la graffigne, et qu'elle la déplume, oh ! mais aux petits oignons ! Il a fallu que le charcutier la lui retirât des pattes. » (É. Zola, *L'Assommoir*, 1877.)

Gougnotte, *n. f.*

Lesbienne. Dérivé de GOUINE.

« J'y ai appris [N.d.A. : à la Conciergerie] un mot nouveau, qui n'est peut-être pas dans votre glossaire : gougnotte, subst. fém. fam., femme ou fille qui abuse des personnes de son sexe, d'où le verbe *gougnotter*. » (Pr. Mérimée, *Lettres F. Michel*, 1858.)

Gnognotte, *n. f.*

Chose insignifiante, menu fretin. Peut-être de la même famille que GNANGNAN.

« Est-ce comme pour les messes ? Y a-t-il, là aussi, les messes à quarante sous et les messes à dix sous, lesquelles, comme disait ce curé, ne sont que "de la gnognotte" ? » (V. Hugo, *Napoléon le Petit*, 1852.)

Grenouiller, *v.*

Barboter. Dérivé de GRENOUILLE.

« Pour toutes maladies, ils se baignent et sont à grenouiller dans l'eau quasi d'un soleil à l'autre. » (M. de Montaigne, *Essais*, 1592.

Gruger, *v.*

Duper quelqu'un, le dépouiller de son bien. Emprunt au néerlandais *gruizen*, « broyer ».

« Plût à Dieu qu'on réglât ainsi tous les procès ; / Il ne faudrait point tant de frais, / Au lieu qu'on nous mange, on nous gruge ; / On nous mine par des longueurs : /On fait tant à la fin, que l'huître est pour le Juge, / Les écailles pour les plaideurs. » (J. de La Fontaine, *Fables*, 1668.)

« Tu verras si tu peux me préserver de cette éternelle duperie. Je crains que malgré tous tes soins, je ne sois aussi grugée là-bas que de coutume. » (G. Sand, *Correspondance*, 1841.)

« Oh ! les hommes ! ils grugent autant les femmes que les femmes grugent les vieux… allez ! » (H. de Balzac, *Splendeurs et Misères des courtisanes*, 1847.)

Gueule, *n. m.*

Bouche, visage. Emprunté au latin *gula*, « gosier, gorge ».

« Bon ! Le voilà qui fuit. Le voilà qui s'arrête, et qui se jette sur eux. Bon ! En voilà un qui vient de lui donner un coup dans la gueule. » (Molière, *La Princesse d'Élide*, 1664.)

« Les harengères ont toujours la gueule ouverte pour dire des injures ; elles se donnent souvent sur la gueule ; cet avocat n'a que de la gueule et n'a point de fond, de capacité. » (A. Furetière, *Dictionnaire universel*, 1690.)

Gueule (faire la), *loc. verb.*

Bouder.

« Dis donc, Marie-bon-bec, ne fais pas ta gueule, cria Coupeau. Tu sais, à Chaillot les rabat-joie ! » (É. Zola, *L'Assommoir*, 1877.)

Gueuler, *v.*

Crier. Dérivé de GUEULE.

« Au diantre la bégueule / Avec son Sotencour ! voyez comme elle gueule. » (J.-Fr. Regnard, *Le Bal*, 1696.)

« S'ils rient, c'est bien ; s'ils gueulent, c'est mieux ; crier, c'est vivre. » (V. Hugo, *L'Homme qui rit*, 1869.)

« Vous avez été trop stoïque, chère maître, ou trop indifférente. Il faut toujours protester contre l'injustice et la bêtise, gueuler, écumer et écraser quand on le peut. » (G. Flaubert, *Correspondance*, 1874.)

Gueuleton, *n. m.*

Repas plantureux. Dérivé de GUEULE.

« Il y aura noces et festins, jambons et pâtés, volailles et godiveaux, blanquette, vin de Roussillon et punch en abondance, ce qu'on appelle un beau gueuleton ! » (Fr. Soulié, *Les Mémoires du diable*, 1837.)

I

I

I

Itou, *adv.*

Aussi, également. Altération probable de l'ancien français ATOUT, « avec ».

« Comme tu sais bian, le gros Lucas aime à batifoler, et moi par fouas je batifole itou. » (Molière, *Dom Juan*, 1665.)

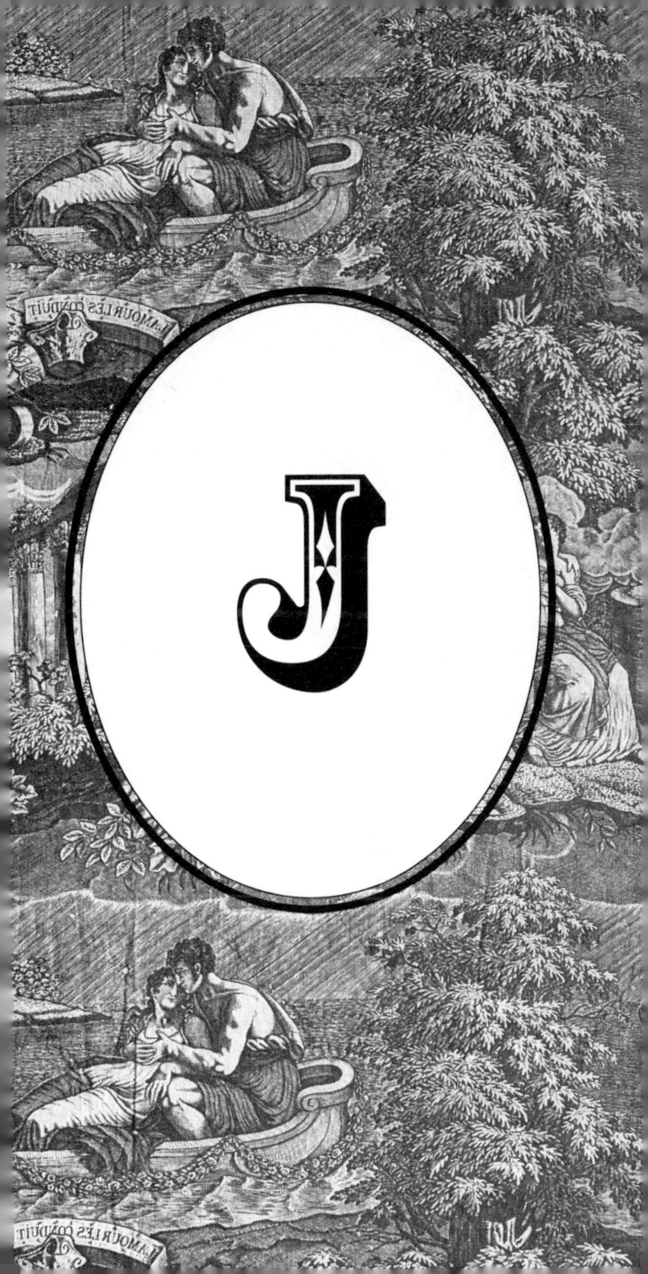

J

J

J

Jugeotte, *n. f.*

Raison, entendement. Dérivé de JUGER.

« Tu me combles de compliments
sur saint Antoine, pauvre Caro !
Et je t'avouerai qu'ils me font plaisir,
parce que je fais cas de ta jugeotte,
de ta bonne petite boule, ferme et haute. »
(G. Flaubert, *Correspondance*, 1872.)

K

K

K

Kif-kif, adj. inv.

Pareil. Emprunt à l'arabe maghrébin *kif kif*, « exactement comme ».

« – Eh ben ! Cause. – Non ! Dis-y, toi !
– Pourquoi donc moi ? Dis-y toi-même !
– Ah tiens ! – Q' ça peut t' faire ?
– Et à toi ? – Mon vieux, j'ose pas !
– Kif-kif pour moi ! » (G. Courteline, *Le Train de 8 h 47*, 1888.)

L

L

L

Lambin, *adj.*

Lent et mou, sans énergie. Issu, par substitution suffixale, de LAMBEAU, « chiffon » (cf. CHIFFE-MOLLE.)

« Le bateau est prêt, vite, allez vous harnacher ; on dirait que vous avez les mules aux talons, tant vous êtes lambin ! » (Marivaux, *Le Télémaque travesti*, 1736.)

« Sacré nom de Dieu ! Êtes-vous assez lambins en province ! » (G. Flaubert, *Correspondance*, 1871.)

Lambiner, *v.*

« Agir lentement » (*Dictionnaire de l'Académie française*, 1694). Dérivé de LAMBIN.

« Si notre bon P. lambine, comme il y est un peu sujet, malgré son excessive vivacité, il commet une grande cruauté sans dessein. » (H. de Mirabeau, *Lettres*, 1780.)

Lanterner, *v.*

Hésiter, perdre son temps à des riens. Dérivé de LANTERNE.

« Il est de ces amoureux transis, qui ne s'amusent qu'à une, et sont deux ou trois ans à lanterner, sans qu'à la fin ils viennent au point. » (J. de la Taille, *Les Corrivaus*, 1573.)

Lascar, *n. m.*

Vaurien, filou, et par extension, gaillard. Emprunt probable au portugais *lascar*, lui-même emprunté au persan *läskär*, « armée ».

« A-t-il du toupet, le vieux lascar ! » (H. de Balzac, *Gobseck*, 1840.)

Lèche-cul, *n. m.*

Personne flagorneuse.

« [Galichon], à plat ventre devant le goût d'art de M. Thiers, lèche-cul de tous les culs de l'Institut, et qui mérite bien, par son bas zèle de domesticité, d'être un candidat *in culo*. » (J. et Ed. de Goncourt, *Journal*, 1869.)

Limer, *v.*

Posséder charnellement. Extension métaphorique du sens premier, « passer à la lime ».

« Chacun reçoit de lui la permission de limer quelque temps le cul de sa femme ; mais ce n'est que dans sa bouche que le sacrifice doit se consommer. »
(D. A. F. de Sade, *La Nouvelle Justine*, 1799.)

Levrette, *n. f.*

Position sexuelle. La levrette est la femelle du lévrier.

« Elle sera [...] en levrette, cela est clair, mais sa tête, penchée sur la vôtre, vous donnera le moyen de lui tenir langue en bouche, et la main droite s'appuiera sur le clitoris. » (H. de Mirabeau, *Le Libertin de qualité*, 1783.)

Lorgner, *v.*

Regarder qq. ch. avec insistance ; avoir des vues dessus. Dérivé de l'ancien français LORGNE, « qui louche ».

« GROS RENÉ : Ne fais point les doux yeux, je veux être fâché. / – MARINETTE :

Ne me lorgne point, toi, j'ai l'esprit trop touché. » (Molière, *Le Dépit amoureux*, 1656.)
« D'un côté sont le gibet et la hart, / Cent mille écus bien comptés d'autre part. / Matheo tremble, et lorgne la finance. » (J. de La Fontaine, *Belphégor*, 1682.)

M

M

M

Maboul, *adj.*

Fou. Emprunt à l'arabe *mahbul*, de même sens.

« Car je ne suis pas, moi, comme vous, bon Raoul, / De l'opposante race, / Et que me fait d'ailleurs que tel juge maboul / Soit un doux pédérasse. »
(P. Verlaine, *Invectives*, 1896.)

« Bon coq, chante clair et baise ta poule. / Ghil est un crétin, toi, ne sois maboule. »
(*Ibid.*)

Mandale, *n. f.*

Coup, gifle.

« Y aurait des chanc's pour qu' d'eun' mandale / Un d'euss' m'envoye râper les dalles / Du Rat Mort au café Procope. »
(J. Rictus, *Les Soliloques du pauvre*, 1897.)

Maquereau, *n. m.*

Proxénète. Emprunt au moyen néerlandais *makelare*, « intermédiaire, courtier », dérivé de *makeln*, « trafiquer », lui-même dérivé de *maken*, « faire ».

« Il a promis dix écus à ce maquereau pour lui faire avoir cette fille. » (P. de Larivey, *Les Esprits*, 1579.)

« Tu m'as appelé maquereau, je t'ai appelé paillarde, qui t'est encor plus honorable. » (Th. Agrippa d'Aubigné, *Confession catholique du sieur de Sancy*, 1630.)

« Ce Cupidon que l'on révère / N'est-il maquereau de sa mère ? » (J. Auvray, *Le Banquet des muses, ou les Divers satires*, 1636.)

Margoulette, *n. f.*

Bouche, et par extension, visage. Probablement dérivé de l'ancien MARGOUILLER, « mâchonner », sous l'influence de GOULE, forme ancienne de GUEULE.

« Je ne te parle pas à toi. Tiens ta margoulette ou je te chasse. » (H. de Balzac, *Eugénie Grandet*, 1833.)

« Je monte dans ma tour d'ivoire et ferme ma fenêtre… car autrement, autant se casser la margoulette, ou devenir fou. » (G. Flaubert, *Correspondance*, 1865.)

Marmot, *n. m.*

Enfant. Emploi métaphorique, le terme servant initialement à désigner un singe.

« Si je suis sans enfants, on dira : c'est un sot ; / Et si j'en fais enfin, ou quelque autre un marmot, / J'aurai neuf mois durant une femme ventrue, / Je l'entendrai hurler comme un pourceau qu'on tue. » (P. Scarron, *L'Héritier ridicule ou la Dame intéressée*, 1650.)

« Que vous jouez au monde un petit personnage, / De vous claquemurer aux choses du ménage, / Et de n'entrevoir point de plaisirs plus touchants / Qu'une idole d'époux et des marmots d'enfants ! » (Molière, *Les Femmes savantes*, 1672.)

« Il n'est marmot osant crier / Que du Loup aussitôt sa mère ne menace. » (J. de La Fontaine, *Fables*, 1679.)

Marrer (se), *v.*

Rire. Emploi antiphrastique de SE MARER, « s'ennuyer », probablement en relation avec l'espagnol *mareo*, « ennui ».

« PETYPON : Nom d'un chien ! mon oncle ! […] Mon Dieu ! et la Môme… ! en chemise !… dans mon lit ! (*Haut, au général.*) Ah ! mon oncle ! (*Ils s'embrassent.*) – LA MÔME, *sur son séant, dans le lit, et les jambes sous le drap* : Non ! ce que je me marre ! » (G. Feydeau, *La Dame de chez Maxim*, 1899.)

Mastoc, *adj.*

Massif et sans grâce. Probablement issu du MASSIF, par substitution suffixale.

« La Grèce m'a rendu difficile sur l'art antique. Le Parthénon me gâte l'art romain, qui me paraît à côté mastoc et trivial. Oui, c'est beau, la Grèce ! » (G. Flaubert, *Correspondance*, 1852.)

« Presque tous les gens qu'on connaît sont intolérables de lourdeur et d'ignorance. On va et revient du mastoc au futile. » (G. Flaubert, *Correspondance*, 1870.)

Mec, *n. m.*

Homme. Origine obscure.

« Je m' dis : – Tout d' même, si qu'y r'viendrait ! / Qui ça ?… Ben quoi ! Vous savez bien, / Eul' l' trimardeur galiléen, / L' Rouquin au cœur pus grand qu' la Vie ! / […] L' mec qu'était gobé par les femmes / (Au point qu' c'en était scandaleux), / L'Homme aux beaux yeux, l'Homme aux beaux rêves / Eul' l' charpentier toujours en grève » (J. Rictus, *Les Soliloques du pauvre*, 1897).

Merde

a. *N. f.* Excrément. Emprunt au latin *merda*, « fiente, excrément ».

« Comme dit le proverbe : "À cul de foirard toujours abonde merde". » (Fr. Rabelais, *Gargantua*, 1542.)

« À un chacun sent bon sa merde. » (A. de Baïf, *Mimes, Enseignements et Proverbes*, 1581.)

« Sacré nom de dieu de merde de nom d'une pipe de vingt-cinq mille putains du tonnerre de dieu, sacré nom ! » (G. Flaubert, *Correspondance*, 1842.)

b. *Interj.* Zut !

« Tibert, passe outre, dit Renart, / Fi ! merde, comme tu es couard ! » (*Roman de Renart*, 1180.)

Merdoyer, *v.*

Cafouiller. Dérivé de MERDE.

« M. Gaston de Mérindol a joué [...] de très nombreux morceaux, entre autres une *Pastorale* de son maître Stevenhagen, et une sonate de Beethoven (op. 110) où il a un peu merdoyé. » (Willy, *Entre deux airs*, 1895.)

Mettre, *v.*

Posséder sexuellement.

« Je bande comme un carme, je meurs d'envie de vous mettre. » (J.-Ch. Gervaise de Latouche, *Histoire de don Bougre, portier des Chartreux*, 1741.)

Micmac, *n. m.*

Intrigue, grand désordre. Altération du moyen français MUTEMACQUE « rébellion », issu du moyen néerlandais *muyte maken* « faire une émeute ».

« S'il [N.d.A. : le juge] lisait Pibrac, / Il saurait qu'en justice on doit fuir tout micmac. » (Hauteroche, *L'Amant qui ne flatte pas*, 1668.)

« Je ne sais quel micmac, entre mon père et lui, / Se brasse à la sourdine, et se trame aujourd'hui. » (A. Piron, *L'École des pères*, 1729.)

Mioche, *n. m.*

Enfant, fils. Dérivé de MIE, « fragment d'un aliment quelconque ».

« Et vous, petits Mioches, allez travailler à la presse. » (M.-A. Legrand, *Cartouche ou les Voleurs*, 1721.)

« Vous avez un fils. Que dis-je un fils ? Non c'est un héritier ! Que dis-je un héritier ? Non c'est un moutard. Présentez mes hommages à cet auguste mioche et embrassez-le de ma part un jour qu'il ne sera pas trop brenneux [N.d.A. : merdeux]. » (G. Sand, *Correspondance*, 1833.)

Miss, *n. f.*

Petite demoiselle. Emprunt à l'anglais.

« Mille compliments à la miss. » (H. de Balzac, *Correspondance*, 1832.)

« Je baise les mains de la miss, et vous adresse mille compliments. » (*Ibid.*)

Môme, *n. m.*

Enfant, gamin. Probablement issu d'un radical *mom-*, exprimant les premiers sons émis par un enfant.

« Un môme parlait à un sourd ; après avoir essayé de se faire entendre en lui criant alternativement à chacune de ses oreilles, il s'est mis à la fin, et de désespoir, à lui hurler dans le derrière. » (G. Flaubert, *Correspondance*, 1850.)

Morpion, *n. m.*

Pou du pubis. Composé de MORDRE et de PION, « pou ».

« Gargantua mit l'une de ses mains auprès de ses génitoires et en arracha un morpion, lequel était plus gros que n'est un bœuf. » (Anonyme, *Les Chroniques admirables*, 1534.)

« Car entre les deux os de ses deux cuisses ladres / Est la forêt des poils, où sont dix mille escadres / De géants affamés, surnommés morpions, / Belliqueux, outrageux, et pleins d'ambitions. » (Cl. d'Esternod, *L'Espadon satyrique*, 1619.)

« Mille morpions rangés au bord /
Tous plats battus et demi-morts, /
Tenaient leur général concile, /
Pour ronger l'onguent vérolé / Qui leur a quatre fois volé / Le poil qui leur servait d'asile. » (Th. de Viau, *Œuvres poétiques*, 1625.)

Mouchard, *n. m.*

Espion, indicateur. Dérivé de MOUCHE, « espion ».

« [Il] servait d'espion aux ligueurs durant la Ligue, de mouchard aux politiques durant leur règne, de fureteur aux huguenots quand ils pullulaient et multipliaient. » (Fr. Béroalde de Verville, *Le Moyen de parvenir*, 1610.)

Mouche (prendre la), *loc. verb.*

Se fâcher brusquement.

« Et là mon pauvre philosophe de prendre la mouche, et de testonner sa tête à belles murailles, tellement que s'il ne fût demeuré évanoui en la place, il était en danger, s'il eût trouvé l'huis ouvert, de gagner les champs et de les courir comme un insensé. » (Ch. Estienne, *Paradoxes*, 1561.)

« J'ai voulu le dire, monsieur ; mais, quand vous avez une fois pris la mouche, y a-t-il moyen de vous parler ? » (D.-A. Brueys, *Le Muet*, 1691.)

Mouche (quelle – le pique), *expr.*

Qu'est-ce qui lui prend ?

« Depuis quand courez-vous les champs ? / Avez-vous le cerveau malade ? / Quelle mauvaise herbe en salade / Votre esprit a tant détraqué ? / Quelle mouche vous a piqué ? » (Ch. d'Assoucy, *L'Ovide en belle humeur*, 1650.)

« Gardez-vous, dira l'un, de cet esprit critique : / On ne sait bien souvent quelle mouche le pique / Mais c'est un jeune fou qui se croit tout permis, / Et qui pour un bon mot va perdre vingt amis. » (N. Boileau-Despréaux, *Satires*, 1701.)

Moutard, *n. m.*

Enfant. À rattacher peut-être au franc-comtois MOUTTE, « (chèvre) sans cornes, du fait de sa jeunesse ».

« Quand vous me disiez jadis que vous aviez horreur des moutards, je savais bien que vous trouveriez les vôtres beaux et bons. » (G. Sand, *Correspondance*, 1833.)

N

N

N

Nabab, *n. m.*

Homme riche. Initialement, titre donné, dans l'Inde musulmane, aux grands officiers des sultans. Emprunt à l'hindoustani *nawwab*, « vice-roi, gouverneur ».

« La jeune personne aura au moins vingt mille francs de rente : c'est un joli parti, mais ce n'est pas assez pour vous, Delaberge, qui êtes un nabab !... un Crésus !... » (Ch. Paul de Kock, *Zizine*, 1836.)

Nabot, *n. m.*

Nain, petit homme. Altération probable de NAIN BOT.

« L'AMOUR : Je suis le plus petit, mais le plus dangereux. – APOLLON : Qui vit jamais un plus plaisant nabot ? » (Ch. d'Assoucy, *Les Amours d'Apollon et de Daphné*, 1650.)

« Tu mens, railleur, dit Oménée en l'interrompant, je suis un peu nabot, mais j'ai le nez long. » (Marivaux, *Le Télémaque travesti*, 1736.)

Néné, *n. m.*

Sein. Construit à partir du radical *nann-/nenn-/ninn-/...* exprimant la relation du nourrisson à sa mère et à sa nourrice.

« Va au Luxembourg, où il y a des amoureux les mains dans les mains d'amoureuses, des tourlourous guignant les gros nénés de nourrice. »
(Ed. de Goncourt, *Journal*, 1890.)

Nichon, *n. m.*

Sein. Dérivé de NICHER, les seins étant nichés dans le corsage, et les nourrissons contre les seins de leur mère.

« Maintenant, Nana ne fourrait plus des boules de papier dans son corsage. Des nichons lui étaient venus, une paire de nichons de satin blanc tout neufs. Et ça ne l'embarrassait guère, elle aurait voulu en avoir plein les bras, elle rêvait des tétais de nounou » (É. Zola, *L'Assommoir*, 1877).

O

O

O

Œil américain (avoir l'), *loc. verb.*

Avoir l'œil vif, observateur.

« J'ai vu ça, moi, du premier coup en entrant. J'ai l'œil américain. » (G. Flaubert, *Madame Bovary*, 1857.)

Œil (se mettre le doigt dans l'), *loc. verb.*

Se fourvoyer.

« Comme c'est beau la critique, toujours se f... le doigt dans l'œil et blâmant justement ce qu'il y a de meilleur dans un livre. » (G. Flaubert, *Correspondance*, 1860.)

Œil (taper dans l'), *loc. verb.*

Plaire, séduire.

« J'ai rencontré un jour une jeune fille qui n'a pas seulement pris garde à moi, mais qui m'a tapé dans l'œil... à moi. » (P.-A Ponson du Terrail, *Rocambole*, 1859.)

Œil (tourner de l'), *loc. verb.*

Mourir, ou s'évanouir.

« J'ai amassé une bonne pacotille de contrebande assez honnête, dont nous vivrions, et que je vous laisserais lorsque je viendrais à tourner de l'œil, comme on dit poliment. » (A. de Vigny, *Servitude et Grandeur militaires*, 1835.)

Yeux (crever les), *loc. verb.*

Être évident.

« TRISSOTIN : Pour moi, je ne vois pas ces exemples fameux. – CLITANDRE : Moi, je les vois si bien, qu'ils me crèvent les yeux. » (Molière, *Les Femmes savantes*, 1672.)

Yeux (pour tes beaux), *loc. adv.*

Gratuitement.

« Va-t'en, si bon te semble, ou demeure en ces lieux, / Je ne t'arrêtais pas ici pour tes beaux yeux, / Mais jusqu'à maintenant j'ai voulu te distraire, / De peur que ton abord interrompît mon frère. » (P. Corneille, *La Place Royale ou L'Amoureux extravagant*, 1637.)

Z'yeux (entre quat'), *loc. adv.*

Frontalement, en tête à tête, sans détour.

« Méprisante comme je suis, je pourrais mettre les rieurs de mon côté en écrivant cela à Mr Lireux dans un journal, au lieu de le lui dire dans une lettre entre quatre z'yeux. Mais je ne suis pas en colère. » (G. Sand, *Correspondance*, 1852.)

« Présentement je m'amuse beaucoup, étant en train d'éreinter mon petit ami Sainte-Beuve dans le silence du cabinet et entre quatre z'yeux. » (G. Flaubert, *Correspondance*, 1863.)

P

P

P

Paf, *interj.*

Bruit causé par un coup. Onomatopée.

« Tuons-nous proprement, facilement, et comme on ne se tuait pas dans les temps de barbarie. Une pincée de poudre, du plomb, gros comme rien, là-dedans, paf ! je mets un César à terre. » (A. Piron, *Arlequin Deucalion*, 1722.)

Panier à salade, *n. m.*

Voiture ou car de police.

« Il était clair que c'était une voleuse, peut-être même quelque chose de pis, que la gendarmerie transférait d'un lieu à l'autre dans un de ces odieux véhicules que les gamins de Paris appellent métaphoriquement paniers à salade ; mais enfin c'était une femme. » (V. Hugo, *Le Rhin*, 1842.)

Patapouf, *n. m.*

Personne dotée d'un fort embonpoint. Origine onomatopéique.

« Ce gros patapouf, qu'on entend respirer d'une lieue, […] c'est un ex-Auteur. » (L. A. Beffroy de Reigny, *Les Lunes du cousin Jacques*, 1785.)

Patatras, *interj.*

Bruit provoqué par la chute d'un objet ou d'une personne. Origine onomatopéique

« Dans Bourges, la noble ville, / On a fait un très mauvais tour, / À la grosse et maîtresse tour, / Dont, par des maximes de guerre, / On a mis le grand corps par terre / Qui, trébuchant par gros plâtras, / Fit horriblement patatras. » (J. Loret, *La Muse historique*, 1651.)

« Le dieu étranger se place humblement à côté de l'idole du pays ; peu à peu, il s'y affermit ; un beau jour il pousse du coude son camarade ; et patatras, voila l'idole en bas. C'est comme cela qu'on dit que les Jésuites ont planté le christianisme à la Chine et aux Indes. » (D. Diderot, *Le Neveu de Rameau*, 1779.)

Patraque, *adj.*

Faible, en mauvaise santé. Emprunt probable à l'italien du Nord *patracca*, « monnaie de peu de valeur ».

« Mille remerciements pour vos excellentes allumettes. Mais vivrai-je assez longtemps pour en voir la fin ? […] je suis si patraque que j'ai peur d'en laisser à mes héritiers. » (Pr. Mérimée, *Lettre à une autre inconnue*, 1870.)

Patte (graisser la), *loc. verb.*

Donner à qqn de l'argent afin d'en être bien traité.

« SGANARELLE : Entrez dans cette porte, / Et, sans bruit, ayez l'œil que personne n'en sorte. / Vous serez pleinement contenté de vos soins ; / Mais ne vous laissez pas graisser la patte, au moins. / – LE COMMISSAIRE : Comment ? vous croyez donc qu'un homme de justice… / – SGANARELLE : Ce que j'en dis n'est pas pour taxer votre office. » (Molière, *L'École des maris*, 1661.)

« La vraie charité et la plus essentielle consiste à graisser la patte aux prêtres ;

cette vertu seule suffit pour couvrir tous les péchés. » (P.-H. d'Holbach, *Théologie portative*, 1768.)

Pattes (bas les), *loc. interj.*

Pas touche !

« À bas les pattes ! Je n'aime pas ces manières ! dit sèchement le Dab, c'est me manquer de respect. » (H. de Balzac, *Splendeurs et Misères des courtisanes*, 1847.)

« Bossuet, étendant la main vers lui, essayait de lui imposer silence, et Grantaire repartait de plus belle :
– Aigle de Meaux, à bas les pattes. » (V. Hugo, *Les Misérables*, 1862.)

Pattes (remettre sur), *loc. verb.*

Rétablir, guérir.

« Me voilà enfin remis sur pattes et à table, à cette table que j'avais été forcé de quitter pendant quelque temps, et vers laquelle je reviens plus affamé et plus amoureux que jamais. » (G. Flaubert, *Correspondance*, 1839.)

Paumer, *v.*

Perdre. Dérivé de PAUME, « creux de la main ».

« Puis dit un gueux : “J’ai paumé deux florins.” / L’autre pollit marquins et dollequins [N.d.A. : empoche les sequins] / Et la marque [N.d.A. : l’entraîneuse] souvent le gain choisit. » (Fr. Villon, *Ballades en jargon*, 1489.)

« Je paumerai la sorbonne [N.d.A. : la tête] si ton palpitant [N.d.A. : ton cœur] ne fade pas les sentiments du mien. » (E.-F. Vidocq, *Les Voleurs*, 1836.)

Pékin, *n. m.*

Civil, bourgeois. Sans doute emprunté au provençal PÉQUIN « chétif, malingre ». On retrouve notamment le radical *pekk-* exprimant la petitesse dans l’espagnol *pequeño* « petit ».

« Pousse ton cheval ferme, toujours t’éloignant de l’armée. À la première occasion achète des habits de pékin [...]. Dès que tu auras sur le dos des habits de bourgeois, déchire ta feuille de route en mille morceaux. » (Stendhal, *La Chartreuse de Parme*, 1839.)

« Une grande partie eut pour le bourgeois, pour le péquin, un mépris égal à celui des nobles pour les vilains, du conquérant pour le conquis. » (H. de Balzac, *La Rabouilleuse*, 1843.)

Peloter, *v.*

Tripoter. Au sens premier, dans le cadre du jeu de paume, se renvoyer la balle sans commencer à compter les points. D'où l'ancienne expression PELOTER EN ATTENDANT PARTIE, « s'occuper à des choses sans conséquence en attendant mieux ».

« Tu me branlais trop vite, dit Rodin à sa sœur, peu s'en est fallu que je ne déchargeasse. Il ne faut faire que plotter et me sucer de temps en temps. » (D. A. F. de Sade, *La Nouvelle Justine*, 1797.)

« Elle nous raconte la façon dont pour se faire peloter, ces hommes se font de la gorge : ils prennent du mou, le font bouillir et le taillent en forme de tétons. » (J. et Ed. de Goncourt, *Journal*, 1863.)

Pépère, *n. m.*

Grand-père, père. Redoublement enfantin de PÈRE.

« Écoute, Eugénie, il faut que tu me donnes ton or. Tu ne le refuseras pas à ton pépère, ma petite fifille, hein ? » (H. de Balzac, *Eugénie Grandet*, 1833.)

« Oh ! Qu'il aimait donc bien qu'on le bécote à son coucou, le gros pépère ! » (G. Feydeau, *La Dame de chez Maxim*, 1899.)

Pépètes, *n. f. pl.*

L'argent. Origine incertaine. Le terme est peut-être issu des mots dialectaux SOUPETTE et SOUPE, « galet plat » permettant de faire des PÉPETTES, « ricochets sur l'eau ».

« Oui, ma chère, avait dit l'autre, je tape dans les gens à remontoir, plus de beignes et des pépètes ; vois-tu, il n'y a qu'à vouloir, on en trouve à gogo des bêtes à pain quand on sait s'y prendre ! » (J.-K. Huysmans, *Les Sœurs Vatard*, 1879.)

« Les personnes flatteuses savent se faire bien venir et ramasser les pépettes ; mais patience, le bon Dieu les punit toutes par un beau jour, disait-elle. » (M. Proust, *Du côté de chez Swann*, 1913.)

Pet, *n. m.*

Gaz intestinal sortant avec un bruit variable de l'anus. Emprunt au latin *peditum*, « pet, vent ».

« Faisons un pet pour nous ébattre. » (A. de la Halle, *Le Jeu de Robin et Marion*, 1285.)

Pétard, *n. m.*

Postérieur, fesses. Dérivé de PÉTER.

« [Jupien] considéra la figure du baron, grasse et congestionnée sous les cheveux gris, de l'air noyé de bonheur de quelqu'un dont on vient de flatter profondément l'amour propre, et se décidant à accorder à M. de Charlus ce que celui-ci venait de lui demander, Jupien, après des remarques dépourvues de distinction telles que : "Vous en avez un gros pétard !", dit au baron d'un air souriant, ému, supérieur et reconnaissant : "Oui, va grand gosse !" » (M. Proust, *Sodome et Gomorrhe*, 1921.)

Pétaudière, *n. f.*

Lieu marqué par la confusion et par l'anarchie qui y règnent. Dérivé du ROI PÉTAULT, personnage de roi péteur, fugueur, toujours en quête de sa propre maison, et dont la cour se caractérisait par son désordre.

« [Le Conseil] de la guerre était devenu une pétaudière. » (Saint-Simon, *Mémoires*, milieu du XVIIIe siècle.)

« Quelles pétaudières sont les démocraties !

On ne sait à qui s'en prendre. » (C.-A. de Sainte-Beuve, *Correspondance*, 1839.)

Péter, *v.*

Faire des pets. Dérivé de PET.

« Cuidant péter, ils se conchient. » (Fr. Rabelais, *Gargantua*, 1542.)

« Hé quoi, lui dit Malherbe, parce que je pète dans l'église, est-ce qu'il faut que vous y pétiez aussi ? » (D. Diderot, *Correspondance*, 1771.)

« Rollinat ne s'est pas prêté à la farce, mais il en a tant ri qu'il en a pété immodérément. » (G. Sand, *Correspondance*, 1837.)

Pète-sec, *loc. adj.*

Sèchement autoritaire.

« Un monsieur arrive, mince, un peu raide, maigre, avec un peu de barbe ; ni petit ni grand, un pète-sec. » (J. et Ed. de Goncourt, *Journal*, 1863.)

Peton, *n. m.*

Pied. Diminutif de PIED.

« Ah ! que j'en sais, belle Nourrice, et qui ne sont pas loin d'ici, qui se tiendraient heureux de baiser seulement les petits bouts de vos petons ! » (Molière, *Le Médecin malgré lui*, 1667.)

Pèze, *n. m.*

Argent. Peut-être dérivé de PESER, du fait du poids de la monnaie.

« Y f'rait mêm' bon d'aller tout nu / Avec au bras eun' gigolette, / Pour fair' la culbut' dans les foins / Sans culbutants et sans témoins ! / Mais outr' que j'suis trop mal frusqué / J'ai pas d'pèze pour en embarquer, / Aucune a vourait d'ma tristesse. » (J. Rictus, *Les Soliloques du pauvre*, 1897.)

Piaule, *n. f.*

Logement, chambre. Initialement, une piaule est une taverne. Aussi le terme est-il sans doute en relation avec l'ancien français PIER, « boire ».

« – Dame, fit l'enfant, nous n'avions plus du tout de logement où aller. – Moutard ! reprit Gavroche, on ne dit pas un logement, on dit une piolle. » (V. Hugo, *Les Misérables*, 1862.)

Picaillons, *n. m. pl.*

L'argent. À l'origine, petite monnaie frappée en Savoie dans la première moitié du XVIIe siècle. Le terme doit probablement être relié à l'ancien provençal PIQUAR, « convoquer à son de cloche », par analogie avec le tintement des pièces qui s'entrechoquent.

« Y ne faut pas se montrer trop regardant dans le métier, vu que les picaillons sont rares. » (G. de Maupassant, *Contes et Nouvelles*, 1883.)

Pif, *n. m.*

Nez. Du radical *piff-*, évoquant la grosseur.

« Je t'embrasse cent mille fois sur tes joues roses, et sur ton grand pif, sur tes grands yeux, sur tes vieux cheveux. » (G. Sand, *Correspondance*, 1832.)

Pif paf !, *interj.*

Bruit produit par deux coups successifs. Onomatopées.

« Ferme, nous disait-il ; perçons les tripes infâmes de ces Turcs : suivez-moi ; et pif et paf, il donnait tantôt sur une tête, tantôt sur un bras. » (Marivaux, *Le Télémaque travesti*, 1736.)

Pignouf, *n. m.*

Butor, individu grossier et sans délicatesse. Probablement dérivé du dialectal PIGNER, « geindre, pleurnicher ».

« Ce n'était guère la peine d'employer tant d'art à laisser tout dans le vague, pour qu'un pignouf vienne démolir mon rêve par sa précision inepte. » (G. Flaubert, *Correspondance*, 1865.)

« On a désormais le maximum de la pignouferie socialiste. » (*Ibid.*, 1865.)

Pioncer, *v.*

Dormir. Altération probable du verbe PIAUSSER, « coucher », dérivé du PIAU, « couche faite de peaux ».

« Ah ! Ah ! Toute la troupe par terre ! Qui est là ? Holà, toi ! – Ils pioncent, ils gisent tout de leur long. » (P. Claudel, *Tête d'or*, 1890.)

Pipi, *n. m.*

Urine. Redoublement enfantin de la première syllabe de PISSER.

« Je parie qu'elle ne vous a pas dit que le mariage est un gouffre profond.

Des enfants piaillent, un mari qui gronde, caca d'un côté, pipi de l'autre, ah ah ! » (C. Dufresny, *Opéra de campagne,* 1692.)

« Ton petit ange de Maurice a bien dormi cette nuit, bien tété ce matin, bien fait pipi et caca, etc. » (G. Sand, *Correspondance*, 1823.)

Pisser, *v.*

Uriner. Emprunté au latin *pissiare*, du même sens.

« Le bœuf de ses cornes le boute [N.d.A. : le lion malade] / […] Et sur lui pissa le goupil. » (Marie de France, *Fables*, 1180.)

« Maudit qui sus son père pisse. » (A. de Baïf, *Mimes, Enseignements et Proverbes*, 1581.)

« J'ay des barbouillés, des grotesques, / Force faiseurs de vers burlesques, / Que leurs œuvres ont condamnés, / J'ai mille autres plaisants damnés, / Qui vous feront pisser de rire. » (Ch. d'Assoucy, *Le Ravissement de Proserpine*, 1653.)

« Faites-la pisser copieusement, copieusement. Si tous les malades pissent de la sorte, je veux être médecin toute ma vie. » (Molière, *Le Médecin volant*, 1645.)

Pisse-froid, *n. m. ou loc. adj.*

(Homme) froid et morose.

« L'autre avec sa grègue [N.d.A. : son haut-de-chausse] à l'étroit / Montre qui n'est qu'un pisse-froid » (Ch.-T. de Sigogne, *Œuvres satyriques*, 1609).

« Quand je pense qu'un pédant comme Malherbe et un pisse-froid comme Boileau ont effacé cet homme-là [N.d.A. : Ronsard] et que le Français ce peuple spirituel est encore de leur avis ! ô goût ! ô porcs ! porcs en habit, porcs à deux pattes et à paletot. » (G. Flaubert, *Correspondance*, 1843.)

Se planter, *v.*

Se placer devant quelqu'un ou quelque chose, en se tenant debout et immobile.

« Qui m'a baillé cette vieille maquerelle ? dit le régent. Par la lumière ! C'est à toi voyrement à qui j'en veux. Et, en disant cela, il se plante devant elle comme voulant escrimer à beaux coups de langue. » (B. Des Périers, *Les Nouvelles Récréations et Joyeux Devis*, 1558.)

Plier bagage, *loc. verb.*

Partir.

« En cette occasion de trousser mes bribes et de plier bagage, je prends plus particulièrement plaisir à ne faire guère ni de plaisir ni de déplaisir à personne en mourant. » (M. de Montaigne, *Essais*, 1592.)

« DU BOIS : Il faut partir, Monsieur, sans dire adieu. / – ALCESTE : Mais par quelle raison me tiens-tu ce langage ? / – DU BOIS : Par la raison, Monsieur, qu'il faut plier bagage. » (Molière, *Le Misanthrope*, 1667.)

Pognon, *n. m.*

Argent. Dérivé du verbe populaire POIGNER, « prendre avec la main ».

« Laisse donc ta sacrée politique de côté, et fais de la copie pour le pognon. » (J. Vallès, *Le Bachelier*, 1881.)

Poivrot, *n. m.*

Ivrogne. Dérivé de POIVRE, « eau-de-vie ».

« Des poivrots, le coude sur le zinc, riaient au nez des petites avec des yeux fripés et des mâchoires violies par le gros vin. » (J.-K. Huysmans, *Les Sœurs Vatard*, 1879.)

Pompette, *adj.*

Éméché. Influence hypothétique de POMPER, « boire ».

« Jamais il ne dépassait, après les plus brûlantes lampées, cette nuance de griserie qu'il appelait, avec une grâce légèrement soldatesque, *être un peu pompette*, en faisant le geste militaire de mettre un pompon à son bonnet. » (J. Barbey d'Aurevilly, *Les Diaboliques*, 1874.)

Popote

a. *N. f.* Nourriture simple. Origine incertaine. Peut-être issu d'une altération de SOUPETTE, « petite soupe ».

« Jusqu'à l'arrivée du crépuscule, elle ramait avec un couteau de bois sur du papier, rentrait à sept heures, préparait la popote, dévidait à Alexandre tous les cancans de l'atelier, se faisait narrer par lui tous les accidents et tous les crimes notés par le petit journal, nettoyait sa vaisselle. » (J.-K. Huysmans, *Les Sœurs Vatard*, 1879.)

b. Adj. Préoccupé avant tout du confort du ménage et, par extension, routinier à l'extrême.

« Sa maîtresse, s'étonnant souvent de la tranquillité réglée de leur union, répétait en riant : – Tu es encore plus popote que mon mari ; ça n'était pas la peine de changer. » (G. de Maupassant, *Contes et Nouvelles*, 1882.)

Pot (sourd comme un), *loc. adj.*

Complètement sourd.

« Ce lion se trouva sourd comme un pot. » (A. Hamilton, *Les Quatre Farcadins*, 1719.)

« J'ai trois enfants ; et elle n'a que sa fille, cette vieille folle qui est laide et méchante comme un singe malade ; et sourde en sus comme un pot. » (D. Diderot, *Est-il bon, est-il méchant ?*, 1784.)

Pot (tourner autour du), *loc. verb.*

Ne pas aller à l'essentiel.

« C'est parlé cela, s'écria Panurge, galantement, sans circumbilivaginer autour du pot. » (Fr. Rabelais, *Tiers Livre*, 1552.)

« Hé ! Faut-il tant tourner autour du pot ? / Ils me font dire aussi des mots longs d'une toise, / De grands mots qui tiendraient d'ici jusqu'à Pontoise. / Pour moi, je ne sais point tant faire de façon / Pour dire qu'un mâtin vient de prendre un chapon. » (J. Racine, *Les Plaideurs*, 1668.)

Pouf, *interj.*

Bruit sourd provoqué par la chute d'un corps. Onomatopée.

« Quand ma cervelle est une fois échauffée, vous diriez d'un feu d'artifice : ce ne sont que fusées, ce ne sont que pétards… Bz ! pif ! paf ! pouf ! Un coup n'attend pas l'autre. » (L. de Boissy, *Le Français à Londres*, 1727.)

« Elle croit avoir une lubie de femme et remet sa poêle au feu. Pouf ! une tête tombe par la cheminée. » (H. de Balzac, *Le Médecin de campagne*, 1833.)

Pouffiasse, *n. f.*

Prostituée ; grosse femme vulgaire. Dérivé de POUF, avec la probable influence de POUFFI, « bouffi ».

« Déjeuner servi par la bonne qui a mis à la porte Mme Burty. Pas l'air timide, celle-là ! Une vraie pouffiasse de Grenelle. » (Ed. de Goncourt, *Journal*, 1890.)

« Le débat entre les deux hommes est sorti de la littérature, est devenu personnel et Daudet est arrivé à dire à Koning qu'il n'avait connu que des pouffiasses et qu'il n'avait pas le plus petit sentiment de ce qu'était une jeune fille propre. » (Ed. de Goncourt, *Journal*, 1890.)

Poulette, *n. f.*

Jeune fille. Dérivé de POULE.

« Les hommes prenaient les femmes sous le menton : allons, ma poulette, leur disaient-ils, avalez tant que vous le pouvez. » (Marivaux, *Le Télémaque travesti*, 1736.)

« J'entrai en ramoneur chez une jolie poulette. » (N. Restif de la Bretonne, *Le Paysan perverti*, 1776.)

« Je ferai tout ce qu'on voudra de cette poulette, dit Rondeau à moitié ivre, en voulant manier brutalement la gorge de Justine. » (D. A. F. de Sade, *La Nouvelle Justine*, 1799.)

Putain, pute, *n. f.*

Prostituée. PUTAIN était en ancien français le cas régime de PUTE.

« Dame orde, vieille pute prouvée / Vous soyez or la mal trouvée. » (Rutebeuf, *De la dame qui fit trois tours entour le moustier*, XIIIe siècle.)

« Fils à *putain*, bien m'as blessé / Du coup qu'as sur moi étendu. » (*Miracle de Notre-Dame de la fille d'un roi*, 1379.)

« Il échappait souvent de dire à la reine [N.d.A. : en parlant de Mme de Montespan] : cette pute me fera mourir. » (Saint-Simon, *Mémoires*, milieu du XVIIIe siècle.)

Putain (un – de), *expr.*

Marque de mépris, parfois d'une certaine forme d'admiration.

« Un putain de chat, ainsi qu'il s'exprime dans son dialecte franco-germanique, lui avait mangé un téton. » (J. et Ed. de Goncourt, *Journal*, 1863.)

Q

Q

Quenotte, *n. f.*

Dent d'enfant. Dérivé de l'anglo-normand CANE, « mâchoire ».

« Ah ! beau poil, belle tête, beaux yeux brillants et bien fendus ! Ah ! beau petit nez ! belle petite bouche ! petites quenottes jolies ! » (Molière, *La Princesse d'Élide*, 1664.)

Queue, *n. f.*

Verge.

« Le pauvre homme dormait non pas trop fermement à cause de la maladie qu'il avait, elle, cuidant qu'il dormît bien fort, lui veut nouer la queue. » (Ph. de Vigneulles, *Les Cent Nouvelles Nouvelles*, 1515.)

« Ha couper !, disait l'autre, vous lui feriez mal, Madame ; coupez-vous la chose aux enfants ? Il serait Monsieur sans queue. » (Fr. Rabelais, *Gargantua*, 1542.)

« La queue lui pend au petit bonhomme. » (C.-P. Richelet, *Dictionnaire de la langue française ancienne et moderne*, 1732.)

Quille, *n. f.*

Jambe. Par analogie de forme avec les pièces de bois utilisées dans le jeu de quilles. QUILLE signifiait déjà « jambe » au milieu du XVe siècle, dans le jargon des coquillards.

« Dans six semaines vous serez sur vos quilles, à flâner sur le boulevard. »
(H. de Balzac, *Le Cousin Pons*, 1847.)

R

R

R

Racaille, *n. f.*

Population ou personne méprisable. Dérivé d'un emprunt au verbe latin *rasicare*, « raser ».

« Le Roi veut que, de temps en temps, les communes femmes et autres racailles, qui ne font fors que détruire vitailles et faire contek et riote, soient oustées de la dite ville. » (*Recueil de documents relatifs à l'histoire du droit municipal en France des origines à la Révolution*, 1347.)

« Au reste, ceux qui inventent une nouvelle manière de chrétienté [...] n'ont nulle apparence en leur erreur et folie. Je parle de plusieurs anabaptistes, et principalement de ceux qui appètent être dits spirituels, et telle racaille comme sont les Jésuites et autres sectes. »
(J. Calvin, *Institution de la religion chrétienne*, 1559.)

Radis (pas un), *expr.*

Pas un sou. Sous l'influence de ROND, « sou », le radis a rejoint la famille des petits fruits et légumes ayant désigné ou désignant encore des objets de peu de valeur (comme le navet autrefois, ou les nèfles aujourd'hui.)

« Fichez le camp, ou je fais un malheur !… et ne comptez pas sur les cent sous, parce que je ne donnerai pas un radis ! Non pas un radis !… » (É. Zola, *L'Assommoir*, 1877.)

Rapetasser, *v.*

Rapiécer. Dérivé du franco-provençal PETASSA(R) de même sens et dérivé lui-même de PETAS, « morceau (de cuir) pour réparer », emprunté au latin *pittacium*, « emplâtre ».

« La renommée ne se prostitue pas à si vil compte. […] Le marbre élèvera vos titres tant qu'il vous plaira, pour avoir fait rapetasser un pan de mur, ou décrotter un ruisseau public, mais non pas les hommes qui ont du sens. Le bruit ne suit pas toute bonté, si la difficulté et étrangeté n'y est jointe. » (M. de Montaigne, *Essais*, 1592.)

« Non, messieurs, nous n'avons rien inventé ; nous n'avons fait que rapetasser. » (Voltaire, *Les Oreilles du comte Chesterfield*, 1775.)

Ravigoter, *v.*

Rendre un peu de vigueur. Altération probable de l'ancien verbe RAVIGORER, « reprendre vigueur ».

« Il veut se faire bouillir dans une chaudière avec des herbes fines pour se ravigoter un peu. » (Mme de Sévigné, *Correspondance*, 1675.)

« LUBIN : À chaque pas que je fais, j'ai le défaut de m'arrêter, à moins qu'on ne me pousse, et c'est à vous à pousser.
– DORANTE, *tirant une bague qu'il lui donne* : Eh ! Morbleu ! Prends encore cela, et continue. – LUBIN : Ça me ravigote. » (Marivaux, *La Mère confidente*, 1735.)

Refroidir, *v.*

Tuer. Dérivé de FROID.

« J'ai vu hier La Pouraille… il a refroidi un ménage et il a dix mille thunes de cinq balles… en or ! » (H. de Balzac, *Splendeurs et Misères des courtisanes*, 1847.)

Reluquer, *v.*

Regarder avec curiosité et/ou concupiscence. Dérivé de LUQUIER, « regarder », lui-même emprunté au moyen néerlandais *loeken*, « regarder, épier ».

« M'est avis, ai-je dit à part moi, en vous reluquant, que v'là une demoiselle qui prie bian le bon Dieu. » (J.-Ch. Gervaise de Latouche, *Histoire de don Bougre, portier des Chartreux*, 1741.)

« GRÉGOIRE, *se mettant au-devant* : Atans ! Que je reluque encore eun tantinet / Sa meine apétissante, et son ar dadouillet ! » (A. Piron, *L'École des pères*, 1729.)

Rembarrer, *v.*

Repousser, rejeter. Dérivé de EMBARRER ; « entraver, bloquer les roues d'un véhicule avec des barres ».

« Je pris mon temps pour rembarrer le président de Mesmes et je lui dis que le respect que j'avais pour la compagnie m'avait obligé à dissimuler et à souffrir toutes ses picoteries. » (Cardinal de Retz, *Mémoires*, 1677.)

Remplumer (se), *v.*

Reprendre du poids, rétablir sa fortune. Dérivé de EMPLUMER, « garnir de plumes ».

« Ces messieurs-là, qui régulièrement se ruinaient de père en fils, trouvaient aussi à se remplumer par de riches mariages. » (Saint-Simon, *Mémoires*, milieu du XVIIIe siècle.)

Remuer (se), *v.*

Se mettre en peine en vue d'un certain but. Dérivé de MUER.

« Il faut craindre les choses incertaines, se remuer pour les remédiables ; mais les certaines, comme la mort, il les faut attendre, et se résoudre aux irrémédiables. » (P. Charron, *De la sagesse*, 1601.)

« Reprocher à Mitton de ne point se remuer quand Dieu le reprochera. » (B. Pascal, *Pensées*, 1662.)

« Hercule veut qu'on se remue, / Puis il aide les gens. » (J. de La Fontaine, *Le Chartier embourbé*, 1668.)

Requinquer, *v.*

Rendre le moral ou la santé. Altération possible de l'ancien verbe RECLINQUER, « se donner du clinquant ».

« Je ne suis point requinqué / Par un succès si désirable : / Car j'ai comme un autre marqué / Tous les déficits de ma fable. » (Voltaire, *Zaïre, Épître dédicatoire à Falkener*, 1733.)

« Mon frère rira bien quand il saura que vous avez pris ce nom burlesque, pour venir vous requinquer à Paris. » (A.-R. Lesage, *Turcaret*, 1735.)

Rigoler, *v.*

S'amuser, rire. Probablement issu d'un croisement de RIOLLE, « débauche », dérivé de RIRE, et de GALER, « mener joyeuse vie ».

« Je vis Épictète, vêtu galantement à la française, sous une belle armée, avecques force damoiselles, se rigolant, buvant, dansant, faisant en tous cas grande chère, et auprès de lui force écus au soleil. » (Fr. Rabelais, *Pantagruel*, 1542.)

« Nous étions avec ce moine de Bourmoyen, qui riait tant avec trois nonnains. Le voyant ainsi rigolant, je dis tout haut : "Ce moine est fort crêté et frétillard après ces nonnains. – Voire, dit Charlotte ; il est fou trois fois la semaine." » (Fr. Béroalde de Verville, *Le Moyen de parvenir*, 1610.)

Rigolo, *adj.*

Drôle, amusant. Dérivé de RIGOLER.

« Mollandeux reprit haleine en buvant coup sur coup deux grands verres de Bourgogne. Il avait un succès complet : les hommes pouffaient, et les dames le trouvaient rigolo. » (J. et Ed. de Goncourt, *Charles Demailly*, 1860.)

Rogaton, *n. m.*

Objet de rebut, reste de nourriture. Emprunté au latin *rogatus*, « demande ».

« N'est-il pas content du furieux intérêt qu'il exige, sans vouloir encore m'obliger à prendre, pour trois mille livres, les vieux rogatons qu'il ramasse ? » (Molière, *L'Avare*, 1669.)

« Pour toi, te voilà ravi d'être empanaché de vert, d'écrire des billets à ta maîtresse, d'emplir tes poches de cédrats, de pistaches et d'autres rogatons. » (A. Hamilton, *Mémoires de la vie du comte de Gramont*, 1713.)

« J'ai adressé quatre paquets de rogatons pour vous, parmi lesquels rogatons il y a quelques marrons de raton pour les Bertrands. » (Voltaire, *Correspondance*, 1775.)

Rosbif, *n. m.*

Anglais. Emprunt à l'anglais *roast-beef*, « rôti de bœuf ». Un personnage de négociant anglais, Jacques Rosbif, apparaît en 1727 dans la comédie en un acte de L. de Boissy, *Le Français à Londres*.

« Je l'apostrophe donc en plein café, et à la tête de tous mes satellites ; fort de leur soutien, je mets les poings sur la hanche, et je n'épargne ni injures triviales, ni goguenarderies insultantes pour animer la verve épigrammatique du poète, mais je ne fais que m'attirer un rire méprisant du philosophe. Forcé de quitter prise, je lui lance mon secrétaire intime, mon fier-à-bras, mon aboyeur, mon… Mais notre Rosbif le quitte par mépris pour un tel *factotum*. » (N.-M. Audinot, *Confession générale d'Audinot*, 1774.)

Roublard, *adj. et n. m.*

(Homme) rusé, malin. Dérivé possible de RÂBLER, « ramasser avec un râble ».

« Ce roublard de chapelier adorait les tripes. » (É. Zola, *L'Assommoir*, 1877.)

Roupiller, *v.*

Dormir. Peut-être construit à partir d'un radical onomatopéique *roup*-, évoquant un ronflement saccadé.

« Pour moi, après avoir bu deux coups d'une main, et autant de l'autre, je vais chercher à roupiller un somme, dans le jardin, à la belle étoile. » (A.-Cl. de Caylus, *Histoire de Monsieur Guillaume, cocher*, 1737.)

« Je me trouvai un jour seul avec deux religieuses dans le carrosse de St à B. L'une était une vieille ratatinée presque aveugle, qui grommelait ses *agnus*, et roupillait alternativement. »

(J.-L. Fougeret de Monbron, *Le Cosmopolite*, 1750.)

S

S

S

Sabot (dormir comme un), *loc. verb.*

Dormir profondément. Le sabot était une sorte de toupie, dont on disait qu'elle DORMAIT lorsqu'elle tournait si vite sur elle-même qu'elle en paraissait immobile.

« Tous deux ivres, dormons comme un sabot. » (Fr. Villon, *Ballade de la grosse Margot*, XVe siècle.)

« Le patron, qu'on ne voyait point, mais qui se faisait entendre, ronflait sur son lit d'une si grande force, que toute la maison en tremblait ; et la patronne, qui se portait aussi bien que son mari, dormait auprès de lui comme un sabot. » (A.-R. Lesage, *Histoire de Guzman d'Alfarache*, 1732.)

Salope, *n. f.*

Femme de mauvaise vie. Initialement, « souillon ». Mot probablement composé de SALE et HOPPE, forme dialectale de HUPPE, oiseau connu pour sa malpropreté.

« Et ne suis-je pas plus belle, plus aimable, et plus attrayante mille fois qu'une salope de cuisinière ? » (R. Chasles, *Les Illustres Françaises*, 1713.)

« Il y trouvait son compte, car il aimait le vin et la salope. » (Marivaux, *Le Télémaque travesti*, 1736.)

« La jeune fille, ce qu'elle est en réalité. Une petite sotte et une petite salope ; la plus grande imbécillité unie à la plus grande dépravation. » (Ch. Baudelaire, *Mon cœur mis à nu*, 1859-1867.)

Saloper, *v.*

Mal faire, bousiller, cochonner. Dérivé de SALOPE.

« Ils étaient jeunes encore, ils avaient du temps devant eux ; puis, ils n'aimaient pas le travail salopé, ils voulaient travailler à leur aise, sans se maigrir de soucis. » (É. Zola, *Le Ventre de Paris*, 1873.)

Saouler, *v.*

Ennuyer.

« Les choses sages et bien composées, nous tiennent premièrement en admiration : puis nous saoulent et ennuient. » (L. Labé, *Débat de folie et d'amour*, 1555.)

Schlinguer, *v.*

Puer. Origine peu claire. Emprunt possible à l'allemand *schlagen*, « frapper, fouetter », avec la même évolution sémantique que pour FOUETTER, COGNER, etc.

« C'est très mauvais de ne pas dormir. Ça vous ferait schlinguer du couloir, ou, comme on dit dans le grand monde, puer de la gueule. » (V. Hugo, *Les Misérables*, 1862.)

« Oh ! les poètes ! En fait de poètes, mon brave ami Théo schlingue actuellement d'une si formidable façon que la société s'écarte de lui. » (G. Flaubert, *Correspondance*, 1868.)

« Putzel [N.d.A. : un chien] schlingue d'une façon fantastique. » (*Ibid.*, 1868.)

Select, *adj.*

De premier choix, de grande classe. Emprunt à l'anglais *select*, lui-même tiré du latin *selectus*, « choisi, trié ».

« Mon cher Prosper, excusez cette grande feuille […] infiniment peu select. Puissiez-vous n'avoir jamais à écrire sur de tel papier avec une plume de paon » (V. Jacquemont, *Lettre à Prosper Mérimée*, 1831).

« Par les mains de Salis, cabaretier select, / J'ai, moi, poète pur, reçu cinquante balles / Qu'il m'a remises, dans un geste si correct, / Qu'il le faut chanter sur le fifre et les timbales. » (P. Verlaine, *Œuvres poétiques complètes*, 1896.)

Smala, *n. f.*

La famille, l'entourage, la compagnie. Emprunt à l'arabe maghrébin *zmala*, « vaste ensemble de tentes réunissant l'entourage d'un chef arabe ».

« Je l'ai rencontré hier, dit l'artiste, à sept heures du soir, rue Jacob. Il avait même son passeport, par précaution ; et il parlait de s'embarquer au Havre, lui et toute sa smala. – Comment ! Avec sa femme ? » (G. Flaubert, *L'Éducation* sentimentale, 1869.)

Soupe au lait, *loc. nom. ou adj.*

(Personne) irritable au quart de tour.

« Comment, Monsieur Minutin, les femmes de notaires courent donc le marché des filles du monde ? Ce mot-là fit élever le mari comme un soupe au lait. » (A.-Cl. de Caylus, *Histoire de Monsieur Guillaume, cocher*, 1737.)

Soupe (gros plein de), *loc. nom.*

Butor au fort embonpoint.

« Une chose, surtout, le jetait hors de lui : le calme de Croquebol en présence du désastre, la belle indifférence de ce gros plein de soupe, soufflant au nez de la fatalité ses ronflements ironiques et sonores. » (G. Courteline, *Le Train de 8 h 47*, 1888.)

Subito, *adv.*

Immédiatement. Emprunt à l'ablatif du latin *subitus*.

« Pâquier, va-t-en subito m'accerser les confrères d'Orphée [N.d.A. : me chercher les musiciens]. » (Cyrano de Bergerac, *Le Pédant joué*, 1654.)

Suer (faire), *loc. verb.*

Ennuyer, agacer.

« Vous ne craignez que moi en ces occasions ; vous me faites suer ; mais vous faites rire les autres. » (Mme de Maintenon, *Correspondance*, 1678.)

« Elle dit des choses d'une naïveté qui me fait suer ; et quand je vois qu'elle ouvre la bouche, ou je prends bien vite la parole, ou je détourne la tête pour ne l'entendre point, et me tenir toujours en état d'être amoureux d'elle. » (B. de Fontenelle, *Lettres galantes*, 1699.)

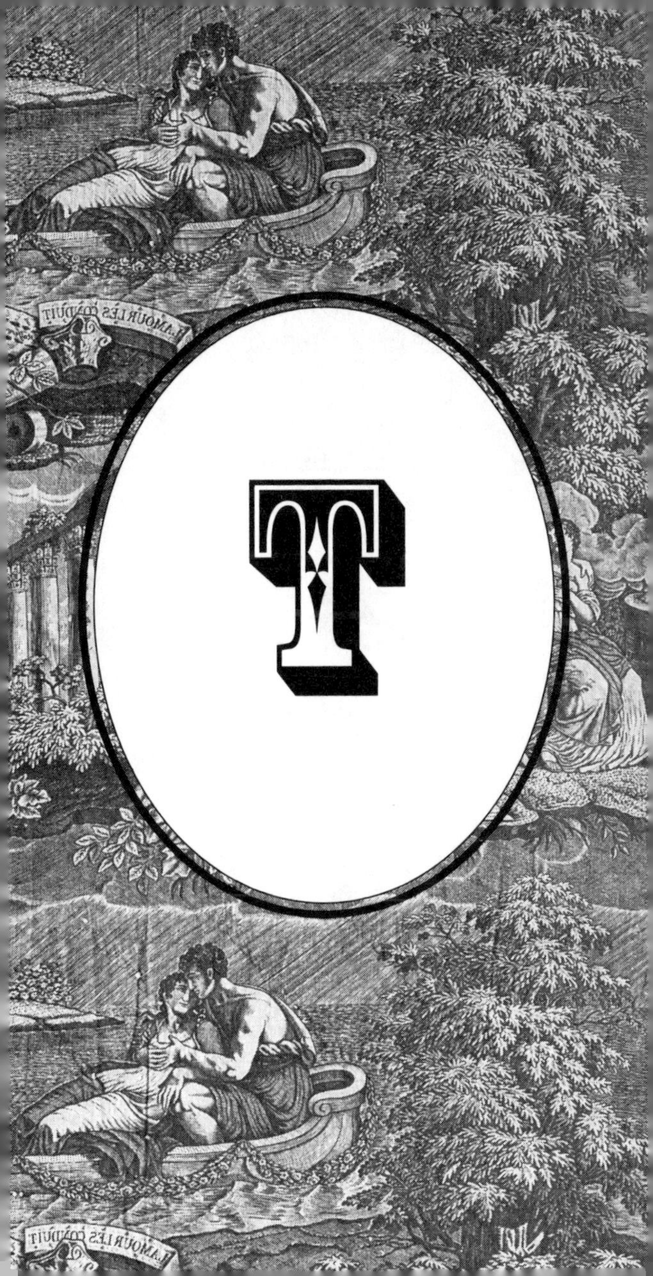
T

T

T

Tanner, *v.*

Ennuyer, assommer. On ne tanne pas une peau sans la fatiguer beaucoup.

« Le réveil / Me tanne assez quand je m'éveille. » (Rutebeuf, *La Complainte de Rutebeuf*, deuxième moitié du XIIIe siècle.)

« Les communes de Flandre, qui déjà commençaient à tanner, et désiraient fort de retourner en leur pays, lui demandèrent congé. » (E. de Monstrelet, *Chronique*, première moitié du XVe siècle.)

Tante, *n. f.*

« Homme qui a des goûts de femmes » (E.-F. Vidocq, *Les Voleurs*, 1836.)

« Pour donner une vague idée du personnage qu'on appelle une *tante*, il suffira de rapporter ce mot magnifique du directeur d'une maison centrale à feu lord Durham qui visita toutes les prisons pendant son séjour à Paris. Le directeur, après avoir montré toute la prison, désigne du doigt un local en faisant un geste de dégoût : – Je ne mène pas là Votre

Seigneurie, dit-il, car c'est le quartier des *tantes*. – Hao ! fit lord Durham, et qu'est-ce ? – C'est le troisième sexe, milord. » (H. de Balzac, *Splendeurs et Misères des courtisanes*, 1847.)

Taper, *v.*

Soutirer de l'argent.

« Madame Lorilleux se tourna et la regarda fixement. En voilà une peloteuse qui venait les embobiner ! Aujourd'hui, elle les tapait de dix sous, demain ce serait de vingt, et il n'y avait plus de raison pour s'arrêter. » (É. Zola, *L'Assommoir*, 1877.)

Tarabiscoté, *adj.*

Trop chargé d'ornements trop complexes ; tordu. Dérivé de TARABISCOT, « petit creux séparant une moulure d'une partie lisse ou d'une autre moulure ».

« Il y a des jours où Dennery a jusqu'à vingt-sept amis… à l'heure du dîner. Il y a là Grangé, qui semble sculpté dans un marron d'Inde, avec un énorme nez, un rubis tarabiscoté. » (J. et Ed. de Goncourt, *Journal*, 1860.)

« Je veux bien que le diable m'emporte si on peut trouver une idée dans votre sacrée littérature de gueusards prétentieux et tarabiscotés… » (L. Bloy, *La Femme pauvre*, 1897.)

Tendron, *n. m.*

Très jeune fille. Initialement, le tendron désigne quelque chose de tendre, comme le cartilage ou un bourgeon.

« Comme répondit ce philosophe ancien à celui qui se moquait de quoi il n'avait su gagner la bonne grâce d'un tendron qu'il pourchassait : "Mon ami, le hameçon ne mord pas à du fromage si frais". » (M. de Montaigne, *Essais*, 1592.)

Thune, *n. f.*

Pièce de monnaie, argent. Origine obscure. Peut-être en relation avec un dérivé de *tutari*, « protéger », d'où la notion d'aumône et, par suite, de pièce de monnaie.

« Si tu veux qu'elle t'obéisse, montre-lui une thune de cinq balles (pièce de cinq francs), et prononce ce mot-ci : Fonbif ! » (H. de Balzac, *Splendeurs et Misères des courtisanes*, 1847.)

« Mauvais robin qui n'as, du moins on me l'a dit, / Pour toi que ta fortune, / Qui sans elle n'eusses, triste gagne-petit, / Gagné la moindre thune, / Tu m'as insulté, toi ! Du haut de ton tréteau, / Grossier, trivial, rustre ! » (P. Verlaine, *Invectives*, 1896.)

Tignasse, *n. f.*

« Perruque ou cheveux mal coiffés » (A. Furetière, *Dictionnaire universel*, 1690). Dérivé de TEIGNE, « infection mycosique du cuir chevelu de l'homme ».

« Je vous défends expressément de couper votre tignasse. » (G. Sand, *Correspondance*, 1832.)

Tintouin, *n. m.*

Vacarme. Dérivé de TINTER, « produire un son métallique et vibrant ». Initialement, TINTOUIN signifie « souci, pensée obsédante ». Voir par exemple : « Vous prie me pardonner si ne me suis souvenu vous saluer, car j'ai tant de tintouins en la tête que je m'en étais oublié. » (P. de Larivey, *Le Laquais*, 1579.)

« C'est une chose tout à fait ordinaire que d'avoir les oreilles fatiguées, ou plutôt la mémoire obsédée par une espèce de tintouin, par le refrain d'une chanson vulgaire ou par quelques lambeaux insignifiants d'opéra. Et la torture ne sera pas moindre, si la chanson est bonne en elle-même. » (Ch. Baudelaire, trad. des *Nouvelles Histoires extraordinaires*, 1857.)

Tire-larigot (à), *loc. adv.*

À grands traits, en abondance. Dérivé de ARIGOT ou HARIGOT, « espèce de flûte », d'où l'expression BOIRE À TIRE LARIGOT au sens de « boire en aspirant le contenu d'un verre ».

« Pour l'apaiser, lui donnèrent à boire à tire-larigot. » (F. Rabelais, *Gargantua*, 1542.)

Torcher, *v.*

Nettoyer les fesses. Dérivé de TORCHE, « bouchon de paille ». D'où le sens premier de TORCHER, « essuyer en frottant avec un bouchon de paille ».

« J'ai [...] par longue et curieuse expérience inventé un moyen de me torcher le cul. » (Fr. Rabelais, *Gargantua*, 1542.)

« Il n'est, dit Gargantua, point besoin torcher cul, sinon qu'il y ait ordure ; ordure n'y peut être si on n'a chié ; chier doncques nous faut d'avant que le cul torcher. » (Fr. Rabelais, *Gargantua*, 1542.)

Torgnole, *n. f.*

Gifle. Dérivé de l'ancien et du moyen français TORNOIIER, variante de TOURNOYER. Aussi la torgnole est-elle susceptible de faire tourner sur place celui qui la reçoit

« Gervaise veillait, tâchait d'intervenir, dès qu'elle entendait le père Bijard monter l'escalier. Mais, la plupart du temps, elle attrapait simplement quelque torgnole pour sa part. » (É. Zola, *L'Assommoir*, 1877.)

Toutou, *n. m.*

Chien, petit chien. Mot de formation enfantine.

« Puissant dieu, lui dit-elle, hélas ! Pour ce pauvre toutou devenez plus traitable : il vaut bien qu'on en fasse cas, c'est l'illustre chien d'Amarille dont j'ai tant chanté les appas. » (Mme Deshouillères, *Épîtres*, 1694.)
« Il était de mille couleurs différentes, ses soies et ses oreilles traînaient par terre. Le roi demeura fort confus ; car il était impossible de trouver rien à redire à la beauté du toutou. » (Mme d'Aulnoy, « La Chatte blanche », 1698.)

Train d'enfer, *n. m.*

Allure excessivement rapide.

« J'aime autant recevoir mon congé. Un service terrible, et toujours un train d'enfer. » (P.-A. de Beaumarchais, *Le Barbier de Séville ou la Précaution inutile*, 1775.)

Trente-six chandelles (voir), *loc. verb.*

Être sonné par la violence d'un choc.

« J'avoue que ce soufflet m'a fait voir trente-six chandelles, et que je me frotte encore les yeux. » (C. Desmoulins, *Vivre libre ou mourir*, 1793.)

Trifouiller, *v.*

Fouiller en remuant dans tous les sens. Dérivé de FOUILLER.

« Mon nez écrit au tien pour savoir, après toutefois lui avoir souhaité le bonjour et lui avoir présenté ses hommages, s'il remplit toujours des mouchoirs et si à Bayeux comme à Paris il procure à sa maîtresse le plaisir d'aller trifouiller de petites crottes. » (H. de Balzac, *Correspondance*, 1832.)

« Chez moi, tout se passe en dedans et me trifouille l'âme. » (H. de Balzac, *Eugénie Grandet*, 1833.)

Trimbaler, *v.*

Porter, conduire, avec difficulté. Altération de l'ancien verbe TRIBALER, « ballotter »,

« Je suis dans la plus bête des villes du royaume, flânant avec la Montgolfier et un tas de particuliers que je ne connais ni d'Ève ni d'Adam. Ils m'ont trimbalée à Fourvière. N'y allez jamais ! » (G. Sand, *Correspondance*, 1836.)

Trimer, *v.*

Travailler. Probablement issu de TRUMER, « courir, jouer des jambes ».

« Comme je suis déjà éreinté, mon ami ! Comme je suis las ! Comme il y a longtemps que je trime dans cette galère de l'art ! » (G. Flaubert, *Correspondance*, 1857.)
« Je défends que l'on m'imprime ! / La gloire n'était que frime ; / Vainement pour elle on trime. » (Th. de Banville, *Odes funambulesques*, 1859.)

Tripoter, *v.*

Toucher d'une manière répétée et souvent machinale. Dérivé de TRIPOT, « lieu couvert où l'on jouait à la courte paume ».

« Il voulut me prendre au corps, je le saisis par le bras droit : "Quoi que c'est donc que cet homme-là qui veut tripoter madame ma fille ?" » (J.-B. Louvet de Couvray, *Une année dans la vie du chevalier de Faublas*, 1787.)

Tripatouiller, *v.*

Manier ou remanier maladroitement et/ou abusivement. Croisement de TRIPOTER et PATOUILLER.

« L'idée ne leur est pas venue un moment qu'on ne fait pas un faux pour démontrer la vérité. Non. Ils ont vu une pièce qui n'était pas tripatouillée, comme on dit maintenant, et cela d'abord leur a paru suspect. » (G. Clemenceau, *Vers la réparation*, 1899.)

Trogne, *n. f.*

Tête. Sans doute issu du gaulois *trugna*, « groin, museau ».

« Gargamelle, fille du roi des Papillons, belle gouge et de bonne trogne. »
(Fr. Rabelais, *Gargantua*, 1542.)

Trombine, *n. f.*

Visage. Origine incertaine. Possible emprunt à l'italien *trombina*, « petite trompe », à moins d'un croisement entre BOBINE, « visage » et TROMPE, « nez ».

« Je compte revoir et baiser ta gentille petite trombine vendredi prochain, si d'ici-là je ne péris pas enseveli sous la neige, comme un cratère des Alpes. »
(G. Flaubert, *Correspondance*, 1860.)

Tronche, *n. f.*

Tête. Féminin de TRONC.

« Premièrement, la tête on la nommait calle, à présent c'est la tronche. »
(O. Chereau, *Le Jargon ou Langage de l'argot réformé*, 1626-1629.)

« La tête d'un voleur a deux noms : la sorbonne, quand elle médite, raisonne et conseille le crime ; la tronche, quand le bourreau la coupe. » (V. Hugo, *Le Dernier Jour d'un condamné*, 1829.)

« On ne dit pas la tête, cria Gavroche, on dit la tronche. » (V. Hugo, *Les Misérables*, 1862.)

Trucider, *v.*

Tuer. Emprunt au latin *trucidare*, « massacrer ».

« Les églises et monastères furent dérompus et abattus, […] les gens d'Église réguliers et séculiers trucidés et tués. » (J. Maupoint, *Journal parisien de Jean Maupoint*, 1476.)

« En icelles contrées tuèrent, trucidèrent et mirent à mort hommes, femmes, enfants. » (R. Roussat, *De l'état et mutation des temps*, 1550.)

Tuile, *n. f.*

Problème, événement fâcheux et imprévu.

« Quelle tuile ! Ah ! mon Dieu, c'est une tuile qui me tombe sur la tête. » (Mme de Genlis, *Les Veillées du Château*, 1782.)

« Quelle tuile ! Voilà que j'ai de la famille à présent ! » (V. Hugo, *L'Homme qui rit*, 1869.)

Turbin, *n. m.*

Travail. Déverbal de TURBINER, « travailler », homonyme de TURBINER, « purifier en faisant passer par une turbine », et d'origine obscure.

« – Ça s'est arrangé avec ce M. Gacougnol ? – Mais oui, deux francs de l'heure et trois ou quatre heures tous les jours, si la personne le botte, bien entendu. C'est un bon turbin, pas fatigant, qui ne l'éreintera pas, pour sûr. »
(L. Bloy, *La Femme pauvre*, 1897.)

V

V

V

Vache enragée (manger de la), *loc. verb.*

Mener une vie misérable.

« Aussi vous voudrais-je bien prier, que quand on parle de la mer, et surtout de tels voyages, vous n'en sachant autre chose que par les livres, [...] laississiez discourir ceux qui en endurant tels travaux ont été à la pratique des choses, lesquelles, pour en parler à la vérité, ne se peuvent bien glisser au cerveau ni en l'entendement des hommes, sinon (ainsi que dit le proverbe) qu'ils aient mangé de la vache enragée. » (J. de Léry, *Histoire d'un voyage fait en la terre du Brésil*, 1580.)

« Mon père, qui avait mangé de la vache enragée, et était délié comme soie fendue en deux, avait fait mettre au front de la porte de sa maison : chassez au loin ces prêtres et ces moines. » (Fr. Béroalde de Verville, *Le Moyen de parvenir*, 1610.)

Vache à lait, *loc. nom.*

Personne ou chose que l'on exploite.

« Ce Monsieur Fleurant-là et ce Monsieur Purgon s'égaient bien sur votre corps ; ils ont en vous une bonne vache à lait ; et je voudrais bien leur demander quel mal vous avez, pour vous faire tant de remèdes. » (Molière, *Le Malade imaginaire*, 1673.)

Vache espagnole (parler une langue comme une), *loc. verb.*

Parler très mal une langue.

« Jacques Collin parlait le français comme une vache espagnole, en baragouinant de manière à rendre ses réponses presque inintelligibles et à s'en faire demander la répétition. » (H. de Balzac, *Splendeurs et Misères des courtisanes*, 1847.)

Vaches (le plancher des), *loc. nom.*

Le sol, la terre.

« Il n'est que le plancher des vaches et des bœufs ; / J'aime mieux qu'un hareng une douzaine d'œufs. » (Cl. d'Esternod, *L'Espadon satyrique*, 1619.)

Vanner, *v.*

Plaisanter, charrier. Initialement, « secouer les grains dans un van pour en éliminer les impuretés », d'où, par métaphore, « soumettre à la critique ».

« Il s'est trouvé dans une compagnie de railleurs où on l'a bien vanné. » (C.-P. Richelet, *Dictionnaire de la langue française ancienne et moderne*, 1732.)

Veau (beugler/pleurer comme un), *loc. verb.*

Crier à tue-tête, pleurer à chaudes larmes.

« Depuis pour l'amour d'elle, il pleure comme un veau : / Mais je ne blâme point l'amour qui le transporte. / Qu'il en perde l'esprit, que le diable l'emporte, / C'est peu pour mériter une telle beauté. » (G. Guérin de Bouscal, *Le Gouvernement de Sanche Pansa*, 1642.)

« Cette situation l'attendrit au point qu'il se mit à beugler comme un veau, de manière que notre réconciliation fut touchante à pâmer de rire. » (J.-L. Fougeret de Monbron, *Margot la ravaudeuse*, 1750.)

Vers (tirer les – du nez), *loc. verb.*

Extorquer des informations.

« Il sut […] tirer les vers du nez de ce pauvre cadet, qui se fût volontiers renversé les entrailles, comme l'on dit que fait la seiche de mer, pour faire voir à clair toutes ses intentions à son aîné. » (J.-P. Camus, *Palombe ou la Femme honorable*, 1625.)

« Cestui-ci tira si bien les vers du nez du jeune veau, qu'il lui confessa des péchés que j'ai honte de dire. » (Th. Agrippa d'Aubigné, *Confession catholique du sieur de Sancy*, 1630.)

« Sans doute Cascaret en vidant les bouteilles, / Va de ce Parasite apprendre des nouvelles ; / Car ce petit fripon sait naturellement / Tirer les vers du nez assez adroitement. » (Fr. Tristan L'Hermite, *Le Parasite*, 1654.)

Vioque, *adj. et n. m. ou f.*

Vieux. Probablement dérivé de VIEUX.

« Je monte à la cigogne [N.d.A. : au tribunal] / On me gerbe à la grotte [N.d.A. : on me condamne aux galères], / Au tap et pour douze ans. / Ma largu' [N.d.A. : ma femme] n'sera plus gironde, / Je serai vioc aussi. » (*Chanson de Winter*, 1815.)

Vogue la galère, *expr.*

Advienne que pourra.

« Et vogue la galère puisque la panse est pleine ! » (Fr. Rabelais, *Gargantua*, 1542.)

Z

Z

Z

Zéro, *n. m.*

Nul.

« Ce chef de parti était un zéro, qui ne multipliait que parce qu'il était prince du sang. » (Cardinal de Retz, *Mémoires*, 1677.)

Zigouiller, *v.*

Tuer. Dérivé du dialectal ZIGUE-ZIGUE, « mauvais couteau ».

« Y en a qui font leurs frèr's cocus, / Y en a qui pionc'nt, qui rêv'nt, qui pleurent, / Et y en a qu'ont jamais vécu. / D'aut's se zigouillent, s'empoisonnent, / D'aut's en faisant des galipettes / Se bécott'nt à la tourtereaux. » (J. Rictus, *Les Soliloques du pauvre*, 1897.)

Zigue, *n. m.*

Gars. Déformation possible de GIGUE, « fille, personne enjouée ».

« C'est un bon zigue, Léon, et vous aurez là un fier mari tout de même. » (P.-A. Ponson du Terrail, *Rocambole*, 1859.)

Zou !, *interj.*

Allez, en avant ! Le terme a gardé son caractère provençal.

« La mère va rentrer de la messe ; nous déjeunons, et puis, zou ! nous allons voir danser les jolies filles… » (A. Daudet, *Lettres de mon moulin*, 1869.)

Zouave (faire le), *loc. verb.*

Faire le malin. Un zouave était un soldat algérien appartenant à un corps d'infanterie indigène formé par la France.

« Je me suis trouvé un don […]. Mais il n'y a pas de quoi faire le zouave […]. C'est chose de hasard. » (J. Richepin, *Miseloque*, 1893.)

TABLE

Le Seuil s'engage pour la protection de l'environnement

Ce livre a été imprimé chez un imprimeur labellisé Imprim'Vert, marque créée en partenariat avec l'Agence de l'Eau, l'ADEME (Agence de l'Environnement et de la Maîtrise de l'Énergie) et l'UNIC (Union Nationale de l'Imprimerie et de la Communication).
La marque Imprim'Vert apporte trois garanties essentielles :
- la suppression totale de l'utilisation de produits toxiques ;
- la sécurisation des stockages de produits et de déchets dangereux ;
- la collecte et le traitement des produits dangereux.

RÉALISATION : NORD-COMPO À VILLENEUVE-D'ASCQ
NORMANDIE ROTO IMPRESSION S.A.S. À LONRAI
DÉPÔT LÉGAL : MARS 2010. N° 98451 (100858)
IMPRIMÉ EN FRANCE